CONTES d'AUVERGNE

DANS LA MEME COLLECTION

Déjà parus :

CONTES D'AFRIQUE
CONTES DE RUSSIE
CONTES DE CHINE
CONTES DE SCANDINAVIE
CONTES TZIGANES
CONTES DE SICILE

CONTES DE BRETAGNE
CONTES DE PROVENCE
CONTES DE NORMANDIE
CONTES DE BOURGOGNE
CONTES DU BERRY
CONTES DU LYONNAIS
CONTES DE GASCOGNE
CONTES D'ALSACE
CONTES DU MAINE ET D'ANJOU

CONTES D'AUVERGNE

RÉCITS DU FOLKLORE AUVERGNAT
CHOISIS ET ADAPTÉS PAR MARIE TENAILLE
ILLUSTRATIONS D'ANNIE-CLAUDE MARTIN

COLLECTION VERMEILLE

~ *Contes de toutes les régions et de tous les pays* ~

HACHETTE

HACHETTE, 79, BOULEVARD SAINT-GERMAIN, PARIS VIe

AVANT-PROPOS

Il faut, sans doute, le regretter : les « étranges lucarnes » de la télévision, en faisant entrer le monde entier dans les appartements, ont peu à peu remplacé les traditionnelles veillées, au coin du feu, en Auvergne comme ailleurs. Là, le maître d'école, le maréchal-ferrant, la dentellière, le sabotier, le rebouteux, le scieur de fayards, chacun racontait une histoire qu'il tenait de son grand-père, qui lui-même la tenait d'un oncle, qui lui-même la tenait d'un cousin... Ainsi, les contes et les légendes d'une région se transmettaient de génération en génération. Aujourd'hui, les feux se sont éteints dans les cheminées...

Mais cette littérature était fragile. Ces récits, ces contes, ces légendes ne devaient rien à Gutenberg : aucun livre n'en portait témoignage. Heureusement, entre 1880 et 1895, différents folkloristes — en particulier Paul Sébillot —, soucieux de préserver cette littérature orale, entreprirent, en allant de village en village, de transcrire, sous la dictée même des conteurs, ces récits et ces légendes. D'autres, tels Ludovic Soubrier et Louis Guibert, s'attachèrent à faire revivre les contes les plus caractéristiques de leur région. Aujourd'hui, leurs recueils restent des ouvrages incomparables car ils ont conservé pour nous la trace d'un folklore qui, autrement, se serait enfui. Nous avons pu ainsi retrouver intactes, telles qu'on les racontait à la fin du siècle dernier, les légendes traditionnelles du folklore de l'Auvergne.

La plupart des spécialistes du folklore auvergnat s'accordent pour dire que les contes facétieux sont les plus riches et les plus caractéristiques de cette région. Lorsque, dans les veillées, l'on racontait les farces de l'Antoine, les aventures de Touéno ou les mille et un tours de Pipète, les enfants battaient des mains comme aujourd'hui à Guignol. Notre collection étant plus spécialement destinée à des lecteurs de huit à douze ans, notre choix s'est naturellement porté, en priorité, vers ces contes.

Touéno, l'Antoine, Pipète, mériteraient de connaître, auprès des enfants, la même célébrité que le Petit Poucet ou que Pinocchio : ils ont autant de fantaisie, de malice, de gentillesse et peut-être encore plus de tours dans leur sac — bien que Pipète, lui, n'ait pas de cailloux dans le sien...

Nous espérons, grâce à ce recueil, que les plus beaux contes du folklore de l'Auvergne ne seront pas oubliés. Mieux même : nous espérons leur avoir donné une vie nouvelle.

L'ÉDITEUR

Jean-sans-peur

JEAN-SANS-PEUR

TOUT en haut de la colline d'Olliergues se dressait un sombre château...

On racontait, en secret, que la Bête s'y était installée depuis bien des années. Ceux du pays qui, autrefois, avaient tenté de la démasquer n'en étaient jamais revenus ! Aussi, depuis bien longtemps, personne n'avait osé s'y aventurer...

Les Olliergois ne se parlaient de la Bête que tout bas, de peur que l'envie ne prît à celle-ci de descendre au village. Car chacun connaissait son appétit fabuleux : elle mangeait tous ceux qu'elle rencontrait, aussi bien les gens qui passaient, que les animaux qu'elle surprenait. Peu lui importait qu'ils soient jeunes ou vieux... Mais, la nuit terminée, le monstre s'endormait pour toute la journée. Il paraît que son ronflement était si sonore qu'il résonnait sous les voûtes du château et s'entendait parfois bien au-delà de ses murailles : jusqu'au village, quand le vent soufflait de ce côté-là. C'était un grondement terrifiant !

Un jour, par la grand-rue du village, arriva un certain Jean qui venait de Courpière. Il disait s'appeler Jean-sans-Peur et répétait à ceux qui voulaient l'entendre, et même à ceux qui ne l'écoutaient pas :

C'est moi Jean-sans-Peur
Rien ne me fait peur!
Je n'ai jamais eu peur
Jamais je n'aurai peur!

« Voilà un fameux vantard! se dirent les gens du village. Ce n'est pas tout de le crier sur les toits. Encore faut-il nous montrer qu'il n'a peur de rien! »

Et Jean de continuer sa rengaine :

C'est moi Jean-sans-Peur
Rien ne me fait peur!
Je n'ai jamais eu peur
Jamais je n'aurai peur!
Je voudrais bien savoir
Qui pourra me faire peur!

Mais le forgeron, qui était le plus sage et le plus savant des habitants du village, l'interrompit :

« Toi, Jean, tu fais le fier comme un Artaban! Si tu es aussi vaillant que tu le chantes, vas-t'en donc coucher dans le château que tu vois là-haut. La Bête t'y attend! Si tu n'as peur de rien, délivre-nous d'elle! Alors, nous t'appellerons Jean-sans-Peur! »

Or, ce Jean-là n'était pas tombé de la dernière pluie. Non seulement il était aussi vaillant qu'il le disait, mais il était rusé comme le renard, résolu comme une horloge, et plein de bonne volonté.

D'abord, il se mit à réfléchir à ce château. La Bête y habitait-elle réellement? Et depuis quand régnait-elle sur ce domaine? Bien sûr, ceux que la Bête avait mangés n'étaient pas revenus pour le dire... De toute façon, un château n'est pas fait pour une bête, se dit Jean, et il se sentit bien assez vaillant et capable pour aller mettre de l'ordre dans cette affaire-là!

« Coucher dans ce château ne me fait pas peur, répondit-il au forgeron. Ce soir, j'y serai ! »

Dès que la nuit commença de tomber, tous les Ollierguois virent Jean monter sur la colline, vers le sombre château dressé sur son rocher. La nuit le rendait encore plus terrifiant que le jour. Et qu'avait-il emporté, Jean, pour se défendre de la Bête ? un grand coutelas ? un sabre ? une trique ? un gourdin ? une corde ? Non, rien !... Rien du tout.

Jean allait comme on va en promenade, ou voir un ami. Il n'emportait avec lui qu'un sac de noix, des bonnes noix du pays, bien saines, bien sèches pour la saison et bien choisies.

Mais que peut-on faire avec un sac de noix quand on est destiné à être dévoré ? Les Ollierguois se le demandaient bien... Ils pensèrent un moment à ce malheureux Jean qu'ils n'allaient plus revoir, puis rentrèrent tous chez eux et mirent la soupe sur le feu.

Pendant ce temps, Jean continuait de monter tranquillement...

Il se trouva bientôt devant la grande porte du château. Il n'eut qu'à la pousser. La Bête ne craignait personne, ni homme ni bête... Pas besoin de tirer les verrous !

Après la porte d'entrée, un long couloir voûté... Jean continua d'avancer. Il rencontra une autre porte qu'il poussa, mais personne... La Bête ne se montrait pas. Jean continua tout droit, entra dans une salle qui lui convenait tout à fait : il y avait une cheminée avec un bon feu, une table avec un banc de chaque côté, mais de Bête... pas plus que de marmite dans la cheminée !

Jean fit comme chez lui. Il posa son sac de noix, s'assit le dos au feu et, tout bonnement, se cassa une noix en attendant ce qui allait arriver.

Mais alors ! était-ce le bruit de la noix cassée qui avait

réveillé la Bête ? Ou était-ce l'heure de son lever ? Bradabraoumm ! le monstre se mit à remuer et à grogner Bradabraoumm ! au-dessus de la tête de Jean. Et Bradabraoumm ! le monstre se mit à descendre, Bradabraoumm !... les marches de l'escalier !

Et, lourd comme un cheval, barbu comme un bouc, bourru comme un ours, griffu comme un dragon... le monstre fut devant Jean-sans-Peur qui allait être dévoré !

« Je suis venu passer la nuit avec toi, dit tranquillement Jean-sans-Peur avec sa voix de tous les jours. Je passais par ici avec mon sac de noix (il se cassa une noix). Avec ta permission, je reste me chauffer un moment !

— Tu as bien fait de venir, dit la Bête, car je vais te dévorer !

— Oh ! ça ne presse pas ! dit Jean-sans-Peur doucement, je serai bien meilleur à manger quand j'aurai pris un petit air de feu et quand je me serai rempli le ventre. » Et il fit craquer entre ses dents une coquille de noix.

« Qu'est-ce que tu manges-là ? demanda la Bête.

— Je mange des noix ! dit Jean. C'est bon. Tiens ! essaie ! si tu veux, nous allons manger tous les deux, je vais te montrer comment faire... »

Et Jean, avec beaucoup de patience, apprit à la Bête à casser des noix et à les manger. Pour les casser, la Bête avait bien ce qu'il fallait comme dents ! mais pour les débarrasser des coquilles, la Bête n'était pas très adroite avec ses énormes pattes ! Et heureusement ! car il ne fallait pas que le sac se vide trop vite... S'il durait jusqu'au matin, Jean aurait la vie sauve, car il savait que la Bête perdait sa puissance avec le jour, et n'était alors pas plus méchante qu'une souris.

Pour faire durer le sac jusqu'à l'aube, Jean faisait semblant de manger des noix, mais c'était toujours la même noix qu'il retrouvait entre ses dents.

Ce soir, il avait apporté un sac de noisettes.

« C'est bon ! disait la Bête de temps en temps. Je n'ai jamais rien mangé d'aussi bon ! »

Et, quand le matin arriva, la Bête n'avait plus faim et ronflait déjà.

Jean, fier de lui, prit le chemin du village en clamant pardessus les toits :

C'est moi Jean-sans-Peur
Jamais je n'ai eu peur
Jamais je n'aurai peur !
Je retournerai ce soir
Passer la nuit là-haut !

Mais, cette fois, l'aventure était plus risquée... La Bête voudrait-elle attendre encore une fois avant de dévorer sa proie ?

Jean suivit le même chemin. La grande porte, comme la veille, était seulement poussée. Jean entra dans la grande salle où il avait passé toute la nuit avec la Bête... Personne, il n'y avait personne ! mais le même feu de bois grésillait dans la cheminée, et les deux bancs et la table étaient à la même place. Jean s'assit le dos au feu pour se chauffer un peu.

Ce soir, il avait apporté un sac de noisettes. Les noisettes sont plus longues à manger que les noix, s'était-il dit. Elles sont plus petites et plus difficiles à décortiquer... Crac ! il se cassa une noisette.

Mais alors ! était-ce le bruit de la noisette cassée qui l'avait réveillé ? Ou était-ce l'heure de son lever ?

Bradabraoumm ! le monstre se mit à remuer et à grogner Bradabraoumm ! au-dessus de la tête de Jean. Et Bradabraoumm ! le monstre se mit à descendre, Bradabraoumm ! les marches de l'escalier...

Et, lourd comme un cheval, barbu comme un bouc, bourru

comme un ours, griffu comme un dragon, dentu comme un loup... le monstre fut devant Jean-sans-Peur qui allait être dévoré !

« Cette fois, je vais te manger ! dit la Bête.

— Oh ! déjà ? tu n'es pas tellement pressé, dit tranquillement Jean-sans-Peur de sa voix de tous les jours. Si tu me manges maintenant, ce sera tout de suite fini et dans cinq minutes tu n'auras plus personne pour te tenir compagnie ! Parlons d'abord un peu pour commencer. Tu as toute la nuit pour me manger ! »

Et tout en parlant, il cassa une noisette entre ses dents.

« Tiens ? Qu'est-ce que tu as dans ton sac aujourd'hui ? C'est aussi bon qu'hier ? demanda la Bête.

— Encore meilleur ! dit Jean. Veux-tu essayer ? »

Et, cette nuit-là, la Bête apprit à casser des noisettes, à les décortiquer et à les manger.

« Comme c'est bon ! disait la Bête de temps en temps. Jamais je n'ai mangé quelque chose d'aussi bon ! »

Et Jean, comme la première nuit, fit semblant de manger pour que le sac ne se vide pas avant le jour.

Quand le matin arriva enfin, la Bête n'avait plus faim et ronflait déjà.

Jean, fier comme un saint Georges, descendit au village en clamant encore plus fort par-dessus les toits :

C'est moi Jean-sans-Peur
Jamais je n'ai eu peur
Jamais je n'aurai peur !
La Bête ne me fait pas peur
Je retournerai ce soir
Passer la nuit au château !

Et il fallut en effet que Jean monte passer une troisième nuit au château de la Bête pour que cette aventure s'achève !

Cette fois, Jean avait rempli son sac de faînes. Ce sont les fruits des hêtres. Les faînes sont bonnes pour qui les aime, mais bien plus difficiles à décortiquer que les noix ou les noisettes ! L'idée n'était pas mauvaise de monter chaque nuit avec quelque chose de nouveau pour occuper les pattes et l'appétit de la Bête. Jean avait cru bien faire...

Pour la troisième fois, il poussa la grande porte du château, retrouva le feu, la table et les deux bancs. Jean s'assit le dos au feu, et Crac ! cassa une faîne entre ses dents.

Et Bradabraoumm ! Bradabraoumm ! comme la première et la deuxième fois... Etait-ce le bruit de la faîne cassée qui l'avait réveillé ? ou était-ce l'heure de son lever ?

Bradabraoumm ! le monstre se mit à remuer et à grogner Bradabraoumm ! au-dessus de la tête de Jean qui l'entendit descendre les marches de l'escalier, Bradabraoumm ! Bradabraoumm !

Et, lourd comme un cheval, barbu comme un bouc, bourru comme un ours, griffu comme un dragon, dentu comme un loup, laid comme le diable !... le monstre fut devant Jean-sans-Peur qui allait être dévoré !

« Je t'ai fait attendre pour que tu sois meilleur ! rugit la Bête. Mais ce soir, je vais te manger !

— Oh ! oh ! tu as l'air bien pressé aujourd'hui ! laisse-moi passer un peu de veillée avec toi pour commencer... lui répondit tranquillement Jean avec sa voix de tous les jours. Nous avons toute la nuit devant nous ! »

Et tout en parlant, il remuait une faîne dans sa bouche...

« Tiens ? Qu'est-ce que tu as dans ton sac ce soir ? demanda la Bête.

— Quelque chose de bien bon, encore meilleur qu'hier et avant-hier ! Je vais t'en faire goûter si tu veux pendant que je me chauffe le dos ! »

Il lui éplucha les premières.

« C'est bon ! dit la Bête. Donne-m'en encore ! »

Et, patiemment, Jean appris à la Bête à manger des faînes. La Bête s'appliqua de son mieux, autant qu'elle pouvait... Mais les faînes, c'est petit, ça vous échappe des doigts, surtout quand on est une énorme bête avec d'énormes pattes ! Alors la Bête commença à s'énerver, et Bradabraoumm ! se mit à grogner et... Gloup ! à avaler les faînes, comme ça, avec l'écorce et la peau, Gloup ! dix par dix, Gloup ! vingt par vingt !

Jean comprit que les faînes seraient finies bien avant le jour.

Il regrettait bien fort les noix et les noisettes qui avaient su occuper la Bête toute une nuit !

Pendant que la Bête se remplissait la gueule une dernière fois avec le fond du sac, Jean se mit à regarder tout autour de lui. Il cherchait ce qui pourrait bien distraire la Bête jusqu'au matin. Un gros clou enfoncé dans le plafond lui donna l'idée...

Mais à ce moment-là :

« Bradabraoumm ! Il n'y a plus de faînes ! Je vais te manger ! rugit la Bête.

— Oh ! là ! là ! Te voilà bien pressé tout à coup. La nuit est loin d'être finie. Profitons-en pour nous amuser, répondit doucement Jean-sans-Peur avec sa voix de tous les jours. Je vais t'apprendre un jeu en attendant. Tu ne t'ennuieras pas, et moi je pourrai rire un peu avant de mourir. Regarde ! tu vois ce crochet au plafond ? trouvons une corde et jouons à « Tucuberce » !

— Et comment joue-t-on à « Tucuberce » ?

— Facile ! dit Jean qui, à vrai dire, ne le savait pas encore, car il inventait ce jeu au fur et à mesure. Tu as vu ce clou au plafond ? Nous allons y passer une corde et à tour de rôle nous nous balancerons ! Si tu veux, je commence et c'est toi qui me pousse. Ensuite, ce sera ton tour d'être balancé. Nous allons rire comme des bossus et cela va te mettre en appétit ! »

Par chance, il y avait une corde toute prête dans la panetière de la table, juste faite pour le clou, et le clou était assez solide pour que l'on puisse y suspendre même un bœuf gras !

Jean y passa la corde et fit un nœud.

« Balance-moi d'abord ! dit la Bête. Je te balancerai après si je suis content de toi ! »

Jean attacha bien le monstre comme il fallait, solidement par ses quatre pattes, sans lui faire mal. Il avait fait de bons nœuds qui ne risquaient pas de se défaire !

« Serre ! serre ! lui recommandait la Bête. Je suis énorme et lourd: il faut que ce soit solide ! Arrange-toi pour que je n'aille pas tomber du plafond et me rompre l'échine ! »

Bien sûr, la Bête n'avait pas réfléchi et croyait seulement qu'un peu de mouvement et de rires la mettraient en appétit.

C'était une bête puissante mais sans cervelle, tandis que Jean, lui, était futé, et plein d'esprit !

« Allons ! dit-il, la partie de « Tucuberce » commence ! Une — deux — trois ! Je te balance ! »

Et bien tranquillement, bien doucement, il commence à bercer la Bête... comme si c'était un enfant.

« Vas-y ! Mais vas-y donc ! » lui dit la Bête ravie.

Alors Jean poussa un peu plus fort, encore un peu plus fort !

La Bête riait, riait tant qu'elle pouvait !

« Pousse-moi plus vite ! Ce n'est pas encore assez ! Je ne suis pas une poule mouillée ! réclamait la Bête en riant toujours... »

Jean, lui, faisait semblant de s'amuser, parce que la Bête pesait son poids !

Il poussa des deux bras, des genoux, des pieds, des mains, de tout son corps ! Poussa à se couvrir de sueur, et la Bête allait et venait comme un énorme paquet sans plus pouvoir rien dire, et sans savoir si elle devait rire...

Le monstre se cognait contre les murailles, Boum ! Bam ! Boum ! avec un bruit épouvantable.

Ce n'était plus un jeu, et Jean-sans-Peur tenait bon.

Vint un moment où la Bête ne riait plus, ne grognait plus...

Jean-sans-Peur avait poussé si bien et si fort... que la Bête ne demandait plus d'être balancée, ne demandait plus rien,... elle était assommée !

Jean laissa la Bête au bout de sa corde et redescendit au village juste au moment où les gens sortaient de leurs maisons. Le forgeron ouvrait sa forge quand Jean entra dans la grand-rue chantant à tue-tête et par-dessus les toits :

C'est moi, Jean-sans-Peur !
Appelez-moi Jean-sans-Peur !
La Bête est morte
Au bout d'une corde !
Jamais je n'ai eu peur
Jamais je n'aurai peur
C'est moi Jean-sans-Peur !

Au bout d'un moment, tous les gens du village voulurent monter voir.

Le sombre château se dressait toujours sur son rocher, mais la Bête était bien morte.

Le château devint le château de Jean-sans-Peur, il avait délivré le pays de la peur, il l'avait bien mérité.

Mais on ne sut jamais si la Bête avant de mourir lui avait fait peur...

Elle se trouva nez à nez... avec les pieds du géant !

Le géant qui faisait trembler la terre

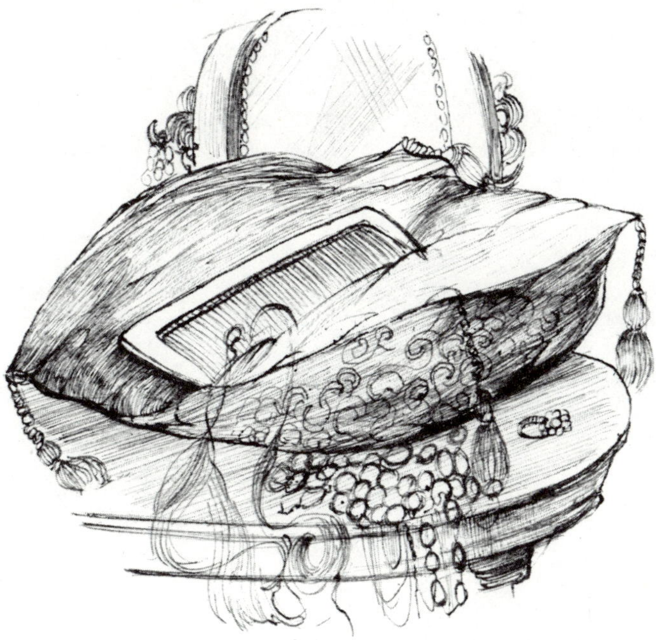

LE GÉANT QUI FAISAIT TREMBLER LA TERRE

IL Y AVAIT, près de Valvéjouls, un géant malfaisant qui vivait depuis très longtemps dans son énorme château encerclé de hautes murailles, et entouré d'une forêt impénétrable.

On disait ce géant très riche et très puissant. On racontait aussi qu'il faisait trembler la terre quand il était en colère... Mais personne ne le connaissait, car personne ne s'était jamais aventuré dans cette sombre forêt.

Pourtant, un soir, une jeune fermière ramassait du bois à la lisière de cette forêt, quand, tout à coup, elle se trouva nez à nez... avec les pieds du géant !

« C'est moi Athias, le géant le plus riche et le plus puissant de la terre ! lui dit-il. Tu auras bientôt une fille. Elle naîtra avec des cheveux tout en or. Donne-la-moi dès sa naissance et je te promets de lui donner tout ce que je possède. Elle deviendra beaucoup plus riche et beaucoup plus belle qu'une princesse. On l'appellera « La Belle aux cheveux d'or »... Mais rappelle-toi que, si tu la gardes chez toi, elle vivra encore plus misérablement que toi ! »

Or, la pauvre femme se désolait justement car elle n'avait pas de place dans sa misérable maison, ni d'argent dans sa bourse, pour nourrir l'enfant qui allait naître...

Elle crut à la promesse du géant Athias.

Quelques jours plus tard, la petite fille aux cheveux d'or qui venait de naître fut apportée au géant. La pauvre mère avait beaucoup de peine, mais elle croyait bien faire et assurer ainsi le bonheur et la richesse de sa fille.

La Belle aux cheveux d'or fut élevée en effet comme une princesse. Elle avait tous les jours des habits neufs, tout en dentelle, en velours ou en soie. Elle avait tant de serviteurs et de servantes qu'elle n'aurait pu les compter !

On lui donnait à manger tout ce qu'elle pouvait désirer, jamais de soupe, mais des soufflés et des beignets... Jamais de pain noir, mais des gâteaux, des biscuits, des confitures, des fruits confits, des pièces montées !

Tous les jours elle recevait des cadeaux, portait de nouveaux bijoux !

Mais le géant qui lui faisait envoyer tous ces présents n'était pas un bon géant... Athias était d'une jalousie aussi grande que lui, et la Belle aux cheveux d'or était sa prisonnière !

Lui seul avait le droit d'admirer sa beauté. La Belle n'avait pas même la permission de voir son reflet dans un miroir... Chaque matin, le géant venait lui-même peigner ses longs cheveux d'or, car il ne permettait à personne d'autre de les toucher. Et non seulement il les peignait, mais il voulait chaque matin les compter un à un pour être absolument certain qu'il n'en manquait pas un !

La Belle ne pouvait faire un pas hors du château sans qu'il l'accompagne ; elle ne pouvait parler à personne sans que le méchant géant soit là.

Quand la Belle était seule dans sa chambre, elle suivait du regard le vol des oiseaux ou le passage des nuages, et rêvait de liberté...

Mais personne n'avait jamais vu la Belle aux cheveux d'or !

Et pourtant, un après-midi, tandis qu'elle regardait ainsi

par la fenêtre, son cœur fut saisi de joie en entendant une voix qui chantait pour elle :

Belle prisonnière à ta fenêtre
Est-il vrai que tes cheveux sont d'or ?
Je suis le chevalier sans peur,
Donne-moi un de tes cheveux d'or
Et je te donnerai mon cœur !

La Belle se pencha par la fenêtre et vit le chevalier courageux qui avait traversé pour elle la sombre forêt, franchi les hautes murailles et trompé la surveillance du géant Athias...

Cela valait bien un cheveu d'or ! Et la Belle lui lança un de ses cheveux.

Toute la soirée, la Belle aux cheveux d'or berça son cœur au souvenir du chevalier courageux qui avait risqué de se trouver face à face avec le géant Athias pour un seul de ses cheveux d'or.

Le lendemain, Athias vint comme chaque matin coiffer sa belle prisonnière. Il compta et recompta ses beaux cheveux d'or...

« Il en manque un ! cria-t-il, et la terre trembla. A qui as-tu osé donner un de tes cheveux d'or ? Tu ne sais donc pas qu'ils n'appartiennent qu'à moi ? Je tuerai celui-là ! »

La Belle se troubla, mais ne livra pas son secret, et, malgré sa frayeur, son cœur était plein de joie au souvenir du beau chevalier auquel elle l'avait donné...

Le géant renforça la garde autour du château, mais le soir la Belle resta à sa fenêtre, le cœur rempli d'espoir. Bientôt elle reconnut la voix de son chevalier :

Belle prisonnière à ta fenêtre
Donne-moi encore un de tes cheveux d'or

Qu'il me donne force et courage
Pour te délivrer du géant Athias !

La Belle tremblait de peur car elle craignait la colère du méchant géant, mais le beau chevalier avait conquis son cœur, elle lui lança encore un de ses cheveux d'or...

Le lendemain matin, Athias le géant vint comme chaque matin coiffer sa belle prisonnière. Puis il compta et recompta un par un chacun de ses cheveux d'or... et la terre trembla une nouvelle fois !

« Il manque un second cheveu ! hurla Athias. Je vais te punir d'une telle manière que toute ta vie tu t'en repentiras ! »

La Belle avait grand-peur, mais pour l'amour de son chevalier elle aurait donné tous ses cheveux d'or...

Et le soir, quand il revint une troisième fois sous sa fenêtre, elle lui lança encore un de ses cheveux d'or...

Le lendemain la terre trembla très fort quand le puissant géant hurla :

« Je tuerai de mes mains celui à qui tu as osé donner trois de tes cheveux d'or qui n'appartiennent qu'à moi. Jamais tu ne t'en consoleras ! »

Mais le beau chevalier revint le soir même. Avec les trois cheveux au pouvoir merveilleux, il avait tressé un long filin d'or qu'il lança à la Belle. Elle le noua à sa fenêtre et se laissa glisser jusqu'à terre...

Alors son chevalier l'emporta au galop de son cheval noir !

Mais bientôt Athias, prévenu par ses gardes, se mit à leur poursuite monté sur son cheval géant. La Belle aux cheveux d'or le vit foncer sur eux tandis que la terre tremblait sous le poids de ses énormes sabots.

Le cheval monstrueux se rapprochait...

Alors la Belle arracha un de ses cheveux. Elle eut juste le temps de le lancer sous les pieds du cheval géant qui allait les rattraper !

Aussitôt un fossé profond se creusa devant les poursuivants. Le cheval géant mit longtemps à le franchir, mais il réussit à le sauter et se remit au galop en faisant trembler la terre sous ses énormes sabots. Il se rapprochait à une allure vertigineuse !

La Belle arracha encore un de ses cheveux et eut juste le temps de le lancer sous les pieds du cheval monstrueux dont elle sentait déjà derrière elle le souffle puissant !

Aussitôt une rivière barra la route aux poursuivants.

Mais le cheval d'Athias franchit la rivière à la nage en éclaboussant tout le voisinage, et il se remit au galop. Cette fois la Belle et son chevalier se croyaient perdus, mais le jeune homme éperonna son cheval encore plus fort et la Belle lança un troisième cheveu d'or sous les pieds du cheval monstrueux au moment même où il les rattrapait !

Alors, un rideau de feu s'alluma devant le géant Athias chevauchant son énorme cheval. C'était un rideau de feu impénétrable, mais le géant fou furieux voulut le traverser pour punir à tout jamais la Belle aux cheveux d'or, qui allait lui échapper avec son beau chevalier...

On ne le revit jamais, ni lui ni son cheval monstrueux ! Et jamais l'herbe ne repoussa à cet endroit-là !

La Belle aux cheveux d'or et son beau chevalier ne se retournèrent même pas...

Ils n'avaient plus rien à craindre. Ils avaient vaincu Athias, le géant qui faisait trembler la terre !

Le renard
et les fourmes

LE RENARD ET LES FOURMES

CETTE histoire-là, l'oncle de Trémizeaux n'aimait pas beaucoup la raconter ni l'entendre...

L'oncle était un homme intrépide et travailleur. Il lui fallait la tête bien à l'endroit pour faire marcher sa ferme et tout son monde : il connaissait son affaire, et la menait rondement !

C'est, sans doute, à cause de cela que les mauvaises langues allèrent bon train sur la place du marché de Besse, pour raconter ce qui lui arriva le 21 septembre de cette année-là.

A l'entrée de l'automne, le jour de la Saint-Mathieu — et il ne manquait pas d'être chaque année fidèle à cette date — l'oncle s'en allait à la foire de Besse vendre ses fourmes.

Bien sûr, il ne les appelait pas ses fourmes, il les appelait ses « *soeurounes* » comme on disait dans le pays. Mais si vous voulez parler comme à Paris, vous pouvez dire aussi son « cantal »... ce sera toujours le même fromage !

L'oncle de Trémizeaux le savait que c'étaient de bonnes fourmes ! Il en avait rempli sa carriole la veille au soir. Il pouvait être tranquille : elles étaient toutes rangées et soigneusement calées avec de la paille.

Et ce matin-là, tout en menant la Grise, sa jument, il faisait dans sa tête des tas de calculs, multipliant le prix qu'il espérait vendre chaque fourme par le nombre de fourmes qu'il emportait à la ville. C'est que le prix des fourmes de tout un été, cela faisait beaucoup d'argent, et cela méritait bien que l'on y pense chemin faisant !

L'oncle était parti de bonne heure, « à la pique du jour », comme il disait, après avoir mangé sa potée en y trempant son pain, et sans oublier son quartier de fourme pour donner bon goût à son verre de vin.

Or, le renard, qui lui aussi avait entendu parler de cette foire de Besse comme tout le monde, avait appris que l'oncle s'y rendait...

En rôdant, la veille au soir, autour de la remise de l'oncle, pendant que l'on chargeait la carriole à la lueur d'une chandelle, il avait reconnu la bonne odeur des fourmes !

« Ah ! le cher oncle et les bonnes fourmes ! s'était-il dit tout bas. Voilà du bon fromage, et je connais un renard qui s'en contenterait ! »

Il n'avait pas mauvais goût, ce renard !

Il se promit cependant d'attendre le lendemain matin pour faire honneur aux fromages, puisque pour la nuit la remise était fermée à clef... Rusé comme il était, il trouverait bien un moyen de goûter aux fourmes avant longtemps !

Par exemple... en se cachant dans les bois de Bourgnunes !

Ce renard ne craignait pas de se lever tôt. C'était un vieux renard qui avait plus d'un tour dans son sac. Ce matin-là, il n'oublia justement pas le sac, à cause des fourmes qu'il comptait bien y mettre. Il se cacha dans les bois qui bordaient la route, et se mit à guetter la passage de la carriole.

Jusqu'à la Chapelle, tout alla bien pour l'oncle, avec un peu de brume de saison pour commencer. La Grise descendait la côte au trot, mais quand la pente devint plus rapide, l'oncle qui ne voulait pas faire la culbute avec tout son chargement de fourmes par-dessus la tête, retint sa jument par les guides et serra la mécanique. Le bon sens ne lui manquait pas à l'oncle, ni le savoir-faire, mais il y avait ce coquin de renard malin avec son envie de fromage qui l'attendait... et l'oncle ne le savait pas !

La carriole finit de descendre la côte et prit la route de l'église neuve d'Entraygues : pour aller à Besse c'était le plus court chemin... et le renard le savait bien !

L'oncle de Trémizeaux, tout endimanché avec sa blouse propre et son faux col, montait la côte bien tranquillement dans sa carriole. De temps en temps il avait un petit mot d'encouragement pour la Grise qui était une jument pleine d'honneur, et n'avait pas besoin du fouet pour avancer.

Mais tout à coup, elle s'arrêta au milieu du chemin. L'oncle, qui avait l'esprit toujours occupé à ses fromages, sursauta.

Pour que la Grise s'arrête si brusquement, il fallait bien qu'il y eût quelque chose. L'oncle descendit de son siège et s'en alla voir...

Et vrai comme il l'a dit! Il aperçut, couchée en travers de la route, à vingt pas de là, une bête rousse qui ne pouvait être qu'un renard!

L'oncle ne rêvait pas, bien sûr. Et à vingt pas, il n'avait pas besoin de lunettes pour reconnaître un renard!

« Les chasseurs l'auront tiré, puis perdu de vue et oublié », se dit-il. Pourtant, il ne découvrit pas la moindre trace de plombs, ni de sang sur le renard qui était flasque comme un sac de guenilles!

L'oncle ramassa le renard, le jeta dans la carriole et remonta sur son siège.

Et « Hue là! »...

La Grise se remit en route pour la ville. Son affaire à lui, l'oncle, c'était d'arriver au marché à temps et de bien vendre toutes ses fourmes pour être de retour là-haut avant la

nuit. Il n'avait pas de temps à perdre, même pour un renard! Et la Grise le savait...

Tout se passa bien jusqu'à l'arrivée à Besse sur la place du marché. Mais quand l'oncle regarda dans sa carriole... il n'eut pas besoin de lunettes non plus pour voir que le renard n'y était plus!

Il fit le compte de ses fourmes, une fois, deux fois... Il s'aperçut alors qu'il lui manquait les trois plus belles!

Il fallait bien croire que ce futé renard s'était réveillé, était descendu en chemin sans se faire voir, sans dire merci ni au revoir, et avait emporté trois fromages!

Trois belles fourmes! il n'avait pas manqué son coup, le rusé!

Ce n'était pas la ruine, bien sûr, mais c'était quand même une perte! et l'oncle de Trémizeaux était furieux de s'y être laissé prendre.

Il connaissait pourtant depuis longtemps, comme tout le monde, l'histoire du renard qui fait le mort... mais jamais il n'aurait imaginé en être dupe, lui !

Le renard ne fut pas assez bête pour en mourir d'indigestion. Un bien mal acquis n'a jamais rendu malade un renard, il y est bien trop habitué !

Mais ce renard-là possédait, paraît-il, une bonne cave sous les hauteurs de la Chanterelle... Elle s'appelle toujours la Cave du Renard, d'ailleurs.

On dit qu'il fit rouler ses fourmes jusque-là... des fourmes de quatre-vingts livres, paraît-il !

Il décida de les y laisser un moment pour les faire mûrir. Où bien les entassait-il là en attendant d'en voler d'autres ?

En tout cas, vint un jour de marché où le renard voulut aller, à son tour, vendre ses fromages à Besse. Peut-être avait-il besoin d'argent... l'histoire ne le dit pas.

Il attela donc sa carriole qu'il faisait tirer par deux chèvres, et la chargea de fromages. C'était une vieille carriole qui roulait tout juste, et le renard devait marcher à côté de ses chèvres, car elle n'aurait pas supporté son poids.

Mais voilà que le loup sortit des bois qui longeaient la route, et vint tout droit au-devant du renard.

Il vous faut savoir que le loup et le renard étaient de vieilles connaissances. Or, le loup n'y avait pas toujours gagné ! Il avait même d'anciennes rancunes qui le tourmentaient, et se réjouit fort de cette rencontre imprévue !

Il n'avait pas oublié, ce loup, comment Renard l'avait, un jour, fait rosser à coups de bâton, la queue prise dans la glace, parce qu'il avait été assez naïf pour croire à ses sornettes ! Il n'avait pas oublié non plus comment, un autre jour, Renard avait mangé tout son miel en prétendant qu'il était appelé à des baptêmes, et l'histoire des jambons, et beaucoup d'autres encore... on aurait pu en faire un roman ! Cette fois le loup était bien décidé à lui en faire voir à son tour. Il pensait bien tenir sa revanche :

« Bonjour, frère! dit-il au renard bien poliment, nous allons faire route ensemble, puisque je vais à la ville par le même chemin... »

En fait, le renard n'en menait pas large, car il savait que le loup avait à se venger de tous les mauvais tours qu'il lui avait joués. Il savait aussi que, si le loup montrait ses crocs ce ne serait plus lui, Renard, qui gagnerait...

Il se tint donc tranquille, et pour une fois ne dit rien, d'autant plus que le loup avait visiblement le ventre creux.

Après un bout de chemin, le loup se plaignit d'avoir une patte malade :

« Laisse-moi étendre ma jambe sur ta carriole, frère Renard, juste une patte, et rien qu'un instant! »

Le renard accepta. Mal lui en prit car le loup profita bientôt de l'occasion pour sauter tout entier dans la carriole, à côté des fourmes... si bien que l'essieu, qui était déjà tout vermoulu, cassa! La carriole bascula, et tous les fromages roulèrent par terre!

« Maudit loup! pourquoi t'ai-je rencontré! s'écria le renard furieux. Pour ta peine, lourdaud que tu es, tu vas aller me chercher dans les bois un jeune tronc de chêne pour faire un nouvel essieu. Et tâche de revenir vite! »

Le loup ne chercha pas longtemps, et revint avec du noisetier...

« Imbécile de loup! Tu ne reconnais pas le chêne du noisetier! » cria le renard de plus en plus furieux, car il voulait arriver vite à la ville et vendre ses fromages.

— Ne m'en veux pas, frère Renard, tu vois bien que je ne suis pas doué pour ces besognes-là! Laisse-moi plutôt garder ta voiture, tes chèvres et tes fourmes!

Le renard ne perdit pas de temps à discuter avec le loup,

d'un bond il fut dans les bois à la recherche d'un essieu de chêne.

Pendant ce temps, le loup se sentit le ventre creux et les dents longues... il ne toucha pas aux fourmes, il préféra les chèvres!

« Raouf! Raouf! »... il les dévora toutes les deux, avant qu'elles aient eu le temps de faire « Bêe! » et que le renard revienne.

Puis il prit leurs deux cornes, ce qui en faisait quatre, et les enfonça dans la terre, toutes droites, en avant de la carriole, juste à l'endroit où auraient du être les têtes des chèvres!

Alors, il se mit à appeler Renard à grands cris en pleurant et en se lamentant :

« Renard! Renard! reviens vite! Viens voir ce qui est arrivé à tes pauvres bêtes de chèvres! Le diable a dû les ensorceler! Je n'ai pas pu les empêcher de s'engloutir sous mes yeux dans la terre! elles s'y sont enfoncées sans que je puisse les retenir... On ne voit plus que leurs cornes! »

Que fit alors le renard? lui qui avait pourtant tant de tours dans son sac! Eh bien, le renard ne fit rien, car il ne pouvait rien faire :

Il ne pouvait pas manger le loup, qui avait d'ailleurs le ventre si plein que le renard devina aussitôt où ses chèvres étaient passées.

Il ne pouvait pas non plus continuer son chemin, car il était bien trop fainéant pour s'atteler à la carriole, et la tirer à la place de ses chèvres.

Il lui restait, heureusement pour lui, ses bonnes jambes pour retourner au bois des Bourgnunes, et de là dans sa cave, où il trouverait bien encore quelques provisions!

Renard abandonna donc ses fourmes en bord de la route. On pense qu'elles ne furent pas perdues pour tout le monde. Il n'alla pas raconter la fin de cette aventure à l'oncle de Trémizeaux!

Quant au loup, il rentra chez lui. Il n'avait plus faim, et il était bien content d'avoir trompé le renard pour cette fois!

Renard comprit sans doute qu'il n'était pas fait pour conduire une carriole, ni pour vendre des fourmes. On ne le revit jamais plus sur la route du marché.

Ainsi ce coquin trouva, pour une fois, plus malin que lui, et c'est bien dommage que l'oncle de Trémizeaux ne sût pas qu'il avait été vengé.

La pomme d'or

LA POMME D'OR

On l'appelait Ollier : c'était un jeune berger des monts du Cézallier, aussi futé qu'un garçon de la ville, aussi bien tourné de sa personne qu'un vrai seigneur.

Tout en conduisant son troupeau à travers la Limagne, de pâturage en pâturage, de la vallée à la montagne, Ollier le berger apprenait tout ce qu'il voulait savoir et colportait toutes les bonnes nouvelles. Il était gai comme un pinson, joyeux comme un jour d'été et serviable pour chacun.

Ollier fut le premier à savoir — et à répéter — qu'une grande fête se préparait au village voisin, au château de la Godivelle, pour le mariage de la princesse.

Or, la princesse Annabelle n'était pas même fiancée... et ce n'étaient pourtant pas les prétendants qui lui manquaient, au contraire ! Tous les seigneurs des environs et tous ceux du royaume voulaient l'épouser... mais, à la veille de ses vingt ans, la princesse n'avait pas encore choisi, parmi eux, celui qui deviendrait son prince !

On disait la princesse Annabelle jolie comme un cœur, on racontait aussi qu'elle était coquine et assez coquette... en tout cas, elle était si secrète qu'elle ne voulait dire à personne comment elle allait choisir, parmi tous ses prétendants, celui auquel elle donnerait son cœur.

Elle fit simplement annoncer par toute la province, à tous ceux qui voulaient l'épouser, qu'ils auraient à se présenter devant elle et le roi son père, le jour de ses vingt ans !

Ce matin-là, les seigneurs des environs qui rêvaient tous d'épouser la princesse, revêtirent leurs beaux habits de dentelle et de velours brodé, ceignirent leurs épées, mirent leurs chapeaux à plumes, et se firent conduire en carrosse au château de la Godivelle où la jolie princesse Annabelle les attendait.

Ollier le berger n'avait ni habits de velours ni carrosse... mais il voulait voir la fête et surtout regarder la princesse que l'on disait si belle !

Il rentra donc tous ses moutons dans la bergerie, fit briller ses galoches, mit sa blouse du dimanche fraîchement lavée et repassée, et prit le chemin de la Godivelle. Il était gai comme un pinson, joyeux comme un jour d'été, et pas le moins du monde emprunté !

Il se disait tout simplement, dans sa tête de berger, qu'il y aurait tant de beau monde au château (peut-être autant de seigneurs apprêtés que de moutons dans sa bergerie !) qu'il réussirait bien à se faufiler entre deux carrosses et à se glisser au fond de la salle du trône.

Et tout en montant au château du prince (mieux qu'un château, il paraît que c'était un palais !), il voyait passer les carrosses et les saluait bien bas...

Mais bientôt, pour se sentir plus à l'aise, il prit un sentier à travers bois. C'est là qu'il rencontra une très vieille femme toute courbée sous un fagot beaucoup trop lourd pour elle.

Ollier le berger était bon, comme on le sait.

« Après tout, pensa-t-il, je peux bien passer un moment à aider la vieille. Personne ne m'attend au château ! »

« Donnez-moi votre fagot à porter, grand-mère. »

« Donnez-moi votre fagot à porter, grand-mère ! » lui dit-il gentiment.

Il prit tout son temps pour l'aider, et lui porta le bois jusqu'à la cheminée de sa chaumière.

La vieille qui avait sûrement entendu parler de la fête, et voyait Ollier « sur son plus propre », comprit peut-être où s'en allait le jeune berger... Elle lui souhaita bonne chance, et pour le remercier de sa complaisance, lui donna un simple petit sifflet de bois en lui disant :

« Garde ce sifflet, mon garçon ! Il pourra te rendre service ! »

Un sifflet, c'est utile pour un berger... Mais Ollier n'en était pas à son premier sifflet ! Avec son couteau bien aiguisé et une baguette de sureau, il pouvait sûrement se tailler autant de sifflets qu'il en voulait !

Mais il ne dédaigna pas le cadeau de la vieille femme. Il la remercia, puis il continua son chemin, le sifflet dans sa poche, toujours gai comme un pinson, joyeux comme un jour d'été, et aussi content qu'un invité !

En arrivant là-haut, tout était bien comme il l'avait pensé : dans la cour du château, il y avait au moins cent carrosses brillants et bien astiqués, et autant de prétendants tous pomponnés et somptueusement habillés...

Ollier le berger se faufila entre les carosses, se glissa dans la foule des seigneurs, et se trouva tout à coup dans la salle du château à dix enjambées du trône ! Il n'en espérait pas tant !

Mais comme il ne songeait pas à épouser la princesse, et voulait seulement la regarder... il se sentait libre et pas du tout gêné. Ce n'était pas le cas de tous les seigneurs dans leurs beaux habits ! Chacun voulait paraître le plus aimable, le plus élégant, le plus séduisant... et comme ils étaient plus de cent, on comprend que ce n'était pas facile !

La princesse, belle comme l'aurore, monta sur le trône... Allait-elle parler ? Questionner ? Faire avancer chacun de ces messieurs ?

Elle fit seulement un sourire, prit dans sa corbeille une pomme d'or (en ce temps-là, les princesses recevaient à chaque anniversaire une pomme d'or), et la lança en l'air dans la salle, au-dessus de tous ses prétendants !

L'attrapera ! l'attrapera pas ! se dit le joyeux berger qui se retourna pour mieux voir. Mais une pomme d'or, ça pèse son pesant d'or ! pas un amoureux n'avait envie de la recevoir sur la tête... ils se protégèrent si bien le crâne, qu'ils ne pensèrent pas à attraper la pomme d'or qui tomba par terre !

Comme la princesse avait vingt pommes d'or, elle pouvait bien recommencer !

Elle lança donc sa seconde pomme d'or... mais tous ses prétendants s'embarrassèrent dans leurs dentelles, craignirent pour leurs perruques, et manquèrent la pomme encore une fois !

La princesse avait l'air de bien s'amuser. Le roi semblait plutôt étonné. Quant à Ollier, il riait de bon cœur, et à la troisième pomme, il ne put y résister... il prit son élan, et vif comme la poudre, saisit la pomme au vol, aussi facilement qu'il aurait fait passer son mouchoir d'une main dans l'autre !

La princesse regarda ce paysan avec étonnement. Il avait montré qu'il était plus adroit que tous les seigneurs... mais il n'était qu'un berger, et elle était une princesse ! (peut-être une princesse prise au piège de son espièglerie ?). C'était bien l'avis du roi qui n'avait pas du tout l'air content et qui, même s'il ne le dit pas, pensa sa fille bien follette !

Le roi envoya sa fille dans sa chambre, renvoya tous les prétendants, fit venir le berger devant son trône, et lui parla d'une voix qui était loin d'être gentille :

« Berger ! dit-il, ne crois pas que tu vas épouser ma fille

parce que tu as été assez adroit pour attraper la pomme ! Mais si tu y songes, tu te soumettras d'abord aux trois épreuves que j'ai préparées pour toi. »

Et voilà le berger Ollier pris lui-même au piège !

Ma foi, cette fille de roi était en effet bien jolie et depuis qu'il avait attrapé la pomme au vol... l'idée d'épouser la belle Annabelle lui trottait à vrai dire un peu dans la tête !

« Je veux bien essayer, monsieur le Roi », répondit le berger Ollier, d'une voix polie.

Et il se sentait toujours aussi gai qu'un pinson, aussi joyeux qu'un jour d'été, et aussi heureux qu'un jeune fiancé !

« D'abord, dit sévèrement le roi, tu iras garder mes cent lièvres au milieu des bois, et tu me les ramèneras tous ce soir sans qu'il en manque un ! »

Ollier pensa tout de suite que ce serait là un exploit beaucoup plus difficile que d'attraper une pomme d'or au vol... mais il se rappela aussitôt combien la princesse était belle, et répondit simplement qu'il voulait bien essayer.

Alors, les serviteurs du roi ouvrirent grandes les portes de l'enclos aux lièvres. Les cent lièvres se précipitèrent dehors dans un beau désordre ! Le premier sorti était déjà loin avant que le dernier ne passe la porte. Quand le berger arriva dans les bois, on n'y voyait déjà plus un seul lièvre !

Ollier pensa d'abord à ses moutons qu'il savait si bien rassembler. Mais il n'allait pas comparer un troupeau de moutons à cent lièvres évadés ! Il se souvint alors du sifflet de la vieille. Peut-être était-ce justement le moment de s'en servir ?

Et « Fuuuiiit ! » à peine avait-il soufflé dedans que les cent lièvres accoururent de tous les coins du bois et se serrèrent autour de lui comme ses moutons auraient fait !

Le roi, l'apprenant, flaira quelque supercherie là-dessous. Il demanda à son Premier ministre de se déguiser en bûcheron.

« Allez donc vérifier si le compte y est ! » lui dit-il. Et le compte y était bien : cent lièvres ! il n'en manquait pas un ! tous en train de brouter autour du berger !

Le Premier ministre retourna au château annoncer la nouvelle au roi et à la princesse.

Alors, la futée petite princesse, sans rien dire au roi son père qui ne cachait pas sa colère, alla vite se déguiser en paysanne. Mit un caraco, une longue jupe, un châle et des sabots à sa taille. Elle monta sur un âne et partit toute seule dans les bois, la follette, à la rencontre du berger !

Elle était maligne, bien sûr, mais peut-être pas tout à fait autant que le berger Ollier...

Car celui-ci l'avait si bien regardée, cette jolie princesse, avant d'attraper la pomme au vol, qu'il la reconnut aussitôt, mais se garda d'en rien dire !

« Berger, voudrais-tu me vendre un de tes lièvres en train de brouter ? lui demanda la paysanne.

— Oh ! que non ! belle demoiselle, répondit le malin berger, je ne vendrai pas un de mes lièvres pour tout l'or du

monde ! Mes lièvres ne sont pas à vendre, ils sont à gagner !

— Et que faut-il donc faire pour en gagner un ? s'enquit la demoiselle.

— Oh ! pas grand-chose, demoiselle : seulement descendre de votre âne, vous asseoir un quart d'heure sur l'herbe à côté de moi... »

La princesse était assez coquine, on le sait, mais elle avait trouvé encore plus malin qu'elle !

Elle descendit de son âne, et fit comme Ollier avait dit... Le quart d'heure ne leur parut pas trop long, et la princesse s'en alla avec un beau lièvre dans son panier.

Mais « Fuuuiiit ! »...

Avant que la princesse Annabelle ait passé le portail du château, le berger siffla, et hop ! le lièvre sauta du panier, et hop ! hop ! revint à fond de train retrouver les quatre-vingt-dix-neuf autres, toujours en train de brouter autour du berger !

Le roi fut bien plus en colère que sa fille, qui bien sûr faisait semblant de l'être...

Il alla lui-même s'accoutrer en paysan pour que le berger ne le reconnaisse pas. Il monta sur un âne, et partit dans les bois retrouver Ollier et les cent lièvres toujours serrés autour de lui.

« Berger, dit-il, veux-tu me vendre un de tes lièvres ? »

Mais le rusé avait déjà reconnu le roi, qu'il avait pourtant bien moins regardé que la jolie princesse !

— Oh ! que non ! répondit-il au roi, et pas même pour tout l'or du monde ! Mes lièvres ne sont pas à vendre, ils sont à gagner !

— Et que faut-il faire pour cela ? demanda le roi.

— Oh ! pas grand-chose ! répondit Ollier qui était décidément bien rusé. Donnez seulement à votre âne trois baisers sous la queue... et mon plus beau lièvre vous appartiendra ! »

Ce n'était vraiment pas un tour à jouer à un roi !

Vilain petit berger !

Mais aussi pourquoi ce roi s'était-il déguisé en paysan pour tricher ?

Le roi n'avait plus qu'à s'exécuter... et c'est bien ce qu'il fit !

Il repartit sur son âne, un beau lièvre dans son panier comme promis !

Mais « Fuuuiiit ! »...

Le lièvre ne resta pas longtemps dans le panier du roi !

Au premier coup de sifflet, le voilà qui saute du panier, et court, court à toutes pattes rejoindre les quatre-vingt-dix-neuf autres, toujours en train de brouter autour d'Ollier !

Cette fois, le roi était absolument furieux, et pas près d'oublier ces trois baisers à l'âne où vous savez... Et encore, il croyait bien qu'il n'avait pas été reconnu par le berger, car autrement ce jeunet n'aurait jamais osé...

Arriva le moment de la deuxième épreuve.

...Tous les rats du pays arrivèrent à la fois.

Le roi fit venir le berger Ollier devant lui et lui dit :

« Cette nuit, tu vas monter au grenier. Tu y trouveras deux grands sacs vides et un gros tas. Le gros tas, ce sont les cent boisseaux de pois, et les cent boisseaux de lentilles qui étaient dans les sacs, et que l'on a mélangés pour toi. Avant le lever du soleil, tu devras les avoir séparés en deux tas bien distincts. Et surtout... qu'il n'y ait pas un seul petit pois égaré parmi les lentilles, si tu veux épouser ma fille ! »

« Me voilà bien avancé ! » se dit le pauvre Ollier qui commençait à être fatigué. Il aurait bien voulu dormir dans son lit et retrouver ses moutons !

Après tout, il n'était qu'un simple berger, sûrement pas destiné à épouser une princesse... et pourtant Annabelle était décidément très belle !

A tout hasard, il prit quand même son sifflet...

Et « Fuuuiiit ! »

Des régiments entiers de fourmis grimpèrent sur les deux montagnes de pois et de lentilles, dégringolèrent, remontèrent et se croisèrent sans répit pendant presque toute la nuit, chaque fourmi transportant sa charge.

Tout fatigué qu'il était, le berger ne voulut pas s'endormir avant que l'ouvrage fût fini.

Enfin, il y eut deux beaux tas : un de pois, un de lentilles !

Ollier remercia les fourmis, se coucha sur les sacs vides, et s'endormit le cœur tranquille.

Au petit matin, le roi faillit tomber à la renverse par l'escalier du grenier, si grande fut sa surprise de trouver Ollier endormi entre les deux tas parfaitement triés.

Il lui avait pourtant demandé l'impossible, à ce garçon ! et voilà qu'il y était arrivé ! Il fallait bien reconnaître que ce berger n'était pas un berger ordinaire.

Quand à Ollier, il se réveilla plein de gaieté, pensant de tout son cœur à la princesse de ses rêves...

Mais la troisième épreuve n'était pas encore passée :

Le roi fit venir le berger devant lui et lui dit :

« Je vais t'enfermer dans la boulangerie du château. Tu devras manger tout le pain qui a été cuit dans mes fours avant midi ! »

« Avant midi !... se dit Ollier, mais c'est impossible ! »

Car il en fallait du pain pour nourrir toute la cour, et tous les domestiques, et les suivantes, et les dizaines de ministres, et les centaines de courtisans !

Quand le berger eut devant lui cette montagne de miches, de couronnes, de pains longs, ronds, blancs, bis, noirs, dorés ! il ne songea même pas à les entamer ! Cela aurait été peine perdue... Il ne se laissa pas non plus aller au désespoir. Non ! Il pensa tout de suite au sifflet qui l'avait tant aidé jusqu'alors. Dès qu'il se vit enfermé dans la boulangerie, il le sortit de sous sa blouse !

Et « Fuuuiiit ! » il siffla tout doucement.

Aussitôt, une nuée de souris et de rats sortirent de tous les coins et recoins... tous les rats du pays arrivèrent à la fois dans la boulangerie du roi !

Et crrr ! crrr ! crrr ! grignotèrent, rongèrent et mangèrent tant et tant, que tout le pain fut dévoré avant midi !

Le berger s'était seulement réservé une brioche dorée. Il avait bien mérité son petit déjeuner !

Le roi ne riait pas quand il apprit cela. Par contre, la jolie princesse s'amusait beaucoup car elle commençait à trouver le jeune berger tout à fait à son goût !

« Cette fois, dit le roi, je ne peux plus te refuser ma fille, et je vois que tu es bien malin ! C'est pourquoi je vais te demander encore un petit travail avant de nous mettre d'accord. »

Encore une épreuve !

Ce n'était pas de jeu pour un Monsieur le Roi qui en annonçait trois !

« Tu vas me remplir un sac de mensonges, dit-il au berger, et quand je te dirai que le sac est plein, tu auras ma fille ! »

Qu'allait faire Ollier le berger ? cette fois son sifflet de bois ne pourrait pas l'aider.

C'était dans sa tête qu'il devait chercher et trouver...

Et comme la malice lui était venue à vouloir épouser la fille du roi, il pensa que quelques vérités, pas toujours agréables à entendre, feraient bonne mesure dans le sac, et le rempliraient vite...

Voici ce qu'il raconta au roi :

« Sire le Roi, pendant que je gardais mes lièvres dans les bois, voulez-vous savoir ce que j'ai vu ? J'ai vu la princesse qui est venue me voir habillée en paysanne. Je lui ai demandé de venir s'asseoir sur l'herbe et de passer un quart d'heure avec moi... Elle n'a pas dit non ! Elle s'est assise et m'a donné un baiser !

— Oh ! Oh ! dit le roi, c'est un mensonge absolument énorme... le sac en est à moitié plein !

— Et puis, continua le berger, ce n'est pas tout ! Pendant que j'étais dans les bois, le roi est venu me voir déguisé en paysan. Il a voulu m'acheter un de mes lièvres, mais je n'ai pas voulu. Alors, je l'ai obligé à donner trois...

— Assez ! cria le roi, arrête ! le sac est plein à déborder ! »

Il fallut donc marier le berger Ollier et la princesse qu'il aimait déjà. Et ces deux-là ne s'en plaignirent pas !

Et que devint le sifflet d'Ollier le berger ?

On ne le sait pas très bien, mais on sait qu'Ollier n'oublia pas la vieille qui le lui avait donné... et l'on pense que dans sa longue vie heureuse avec la princesse Annabelle, il s'en servit peut-être.

Malheureusement, dans le pays on n'en trouve plus de pareils : le moule s'en est perdu, peut-être ?

Les mille et un tours de Pipète

LES MILLE ET UN TOURS DE PIPÈTE

IL Y AVAIT autrefois, du côté de Laguiole, une miséreuse famille. Le père et la mère étaient déjà vieux et ne pouvaient plus guère travailler ; la terre qu'ils louaient était si pauvre, qu'elle ne pouvait suffire à les nourrir eux et leurs deux fils.

Ils n'avaient ni âne pour transporter leur bois ni chèvres pour leur donner du lait ou des fromages. Ils ne possédaient ni cochons, ni lapins, ni poulets !

Quand leurs fils devinrent grands, ils décidèrent un jour de placer Janicot, leur aîné, chez un fermier des environs, tandis que Pipète, le cadet, resterait les aider à la maison et aux champs. Leur terre était si petite qu'un seul de leurs fils suffirait bien à la cultiver...

Malheureusement, ils firent l'erreur de placer leur fils chez un méchant patron, et de conclure le marché sans se douter de son avarice et de sa cruauté...

Janicot commença son temps à la Saint-Jean, et ne devait l'avoir fini que lorsque le coucou chanterait.

Mais, dès le premier jour, Janicot ne reçut, pour toute nourriture et pour toute la journée, que la quantité de pain que l'on peut tartiner avec un seul œuf !

C'était en effet l'habitude de recevoir, pour tout déjeuner, un œuf cru qu'il fallait ensuite percer, et dont on répandait le contenu sur le plus grand nombre de tartines.

Son nouveau maître l'écrasa de besogne, et conclut avec lui ce pacte étrange : il décida que le premier qui aurait à se plaindre de la mauvaise humeur de l'autre, lui demanderait de montrer la peau de son dos. Il le frotterait à pleines poignées d'orties jusqu'à lui en user toute la peau de l'échine !

Bien sûr, le pauvre Janicot avait déjà beaucoup à se plaindre de son méchant patron, si avare et si cruel, et il aurait déjà pu lui frotter le dos avec des orties bien piquantes, mais il ne sut comment s'y prendre...

Le malheureux garçon essaya de travailler de son mieux, mais son maître était injuste et lui reprochait tout ce qu'il faisait, afin d'avoir l'occasion de lui frotter le dos aux orties. Janicot ne put tenir longtemps à ce régime, il se sauva sans attendre le chant du coucou...

Quand ses parents le virent revenir, il avait la peau du dos presque à vif de la nuque au coccyx !

« Tu es un fichu âne, mon frère ! de t'être laissé faire, et tu n'y retourneras pas ! lui dit Pipète plein de colère. C'est moi qui vais reprendre ta place chez cet écorcheur ! Et si je ne suis pas content de lui, gare aux orties ! S'il tient à la peau de son dos, nous pourrons peut-être nous entendre. Mais de toute façon, il ne touchera pas à la mienne ! »

Et Pipète confia le soin de ses vieux parents à son frère aîné, et s'en alla prendre sa place...

Le premier jour, le maître dit à Pipète :

« Voilà un œuf ! frottes-en le pain qui t'est nécessaire ! »

Mais l'œuf était cuit dur et Pipète ne put en frotter qu'un croûton à peine gros comme le poing !

Il partit labourer le ventre creux, furieux contre l'avarice de son maître, et se promit bien de trouver un moyen d'avoir plus de pain le lendemain.

Il souffrit tellement de la faim jusqu'au soir, que cela lui aiguisa le cerveau et lui donna une idée.

Le lendemain, quand son maître voulut mettre à cuire l'œuf de Pipète, celui-ci l'arrêta brusquement :

« Non, ne le faites pas cuire ! Donnez-moi plutôt un œuf cru ! de toute façon, ça ne vous coûtera pas plus cher ! »

On lui donna donc un œuf cru, et Pipète qui avait soigneu-

sement préparé sa recette, prit une plume d'oie et enduisit d'œuf la plus grosse tourte de pain qu'il put trouver à la cuisine !

« Oh là ! tu en prends beaucoup trop ! Tu ne vas pas manger pour quatre alors que tu travailles à peine pour un !

— Si vous n'êtes pas content, répliqua Pipète, qui avait justement repéré où se trouvaient les orties... vous n'avez qu'à me montrer votre échine !

— Si ! si ! je suis content... du moment que tu travailles ! » répondit le maître, étonné de la vivacité d'esprit de son nouveau valet.

Pipète piqua sa tourte de pain au bout de son pique-bœufs, mit le tout sur son épaule, et s'en alla aux champs puisque c'était l'heure. Il ne renâclait pas au travail, mais entendait être nourri selon son appétit !

Mais son maître ne voulait pas que Pipète ait le dernier mot; il le rappela donc :

« Emmène donc avec toi cette diable de chienne ! et surtout ne rentre pas à la maison avant elle ! »

Il pensait que la chienne, toujours attachée au bout de sa chaîne, allait en profiter pour battre la campagne et ne voudrait pas rentrer avant le coucher du soleil.

« Ainsi ce garçon va labourer jusqu'à ce soir ! » pensa le maître.

Arrivé au champ, Pipète mangea une bonne quantité de sa tourte, en donna un morceau à la chienne, puis commença à labourer.

Bientôt le soleil se mit à chauffer fort, et quand vinrent les onze heures, la chaleur devint accablante...

« Ah ! si seulement cette bête avait envie de rentrer, se dit Pipète, je pourrais en faire autant ! » Mais la chienne, étendue à l'ombre sous un buisson, le regardait tranquillement travailler et n'avait aucune envie de bouger par cette chaleur.

Alors Pipète eut une idée qui allait lui permettre de rentrer avant midi.

Il prit la chienne, l'attacha à la charrue et la fit travailler avec lui. Il lui envoya même quelques coups de pied bien placés pour qu'elle comprenne ce qu'il attendait d'elle. Au bout d'un moment, Pipète se décida à la détacher de la charrue. La chienne ne demanda pas son reste et fila immédiatement en direction de la maison ; trois minutes plus tard, elle avait retrouvé sa place à l'ombre dans la cour de la ferme !

Derrière elle, Pipète rentrait avec la charrue et les bœufs !

Il n'était pas encore midi, et le maître, comprenant que

Alors, Lucifer se montra en personne !

Pipète avait réussi de nouveau à se jouer de lui, se mit en colère :

« Je ne vais pas payer mon valet et le nourrir d'un pain entier pour le voir revenir à la ferme avant la fin de la matinée !

— Mais je n'ai fait qu'obéir ! C'est vous qui m'aviez dit que je pouvais revenir dès que la chienne m'aurait quitté pour rentrer à la maison !

— Et que lui as-tu donc fait pour qu'elle revienne si tôt ?

— Donné un peu de mon pain et fait tirer la charrue ! répondit Pipète, encore heureux de son coup. Mais si vous n'êtes pas d'accord, vous n'avez qu'à me montrer votre échine! Et gare aux orties !...

— Si ! si ! je suis d'accord. C'est bien ce que je t'avais dit ! Je vais te trouver une autre besogne maintenant. Tu vas voir que je ne paye pas mes domestiques pour qu'ils bayent aux corneilles ! »

Au moins, grâce à son astuce Pipète avait échappé à la grosse chaleur de midi, mais il sentait que son maître commençait à le trouver trop malin et à se méfier de lui...

Quant au fermier, il n'aimait pas beaucoup que son domestique ait toujours le dernier mot. Il chercha dans sa vilaine tête quel travail impossible il pourrait bien commander à son valet pour qu'il ne puisse l'accomplir. Il aurait alors une bonne raison de le punir !

Il appela Pipète et lui dit :

« Puisque tu es rentré des champs plus tôt que je ne le voulais, tu vas aller conduire les bœufs au pré... Mais fais bien attention à ce que je te commande : tu devras faire entrer les quatre bœufs dans le pré, sans ouvrir les barrières qui le ferment, et sans faire une seule brèche à la haie qui le clôture. A toi de trouver la solution, sinon, tu sais déjà ce qu'il t'en cuira !

— C'est entendu, dit Pipète, je les y mettrai ! »

Il alla chercher les quatre bœufs à l'étable et les conduisit jusqu'à l'entrée du pré.

Le temps d'y aller, tout en réfléchissant, Pipète comprit que son maître lui avait demandé quelque chose d'impossible pour avoir une bonne raison de le punir. Devant une pareille injustice, il sentit la fureur l'envahir !

Et, dans sa colère, devint soudain fort comme un lion :

Il assomma les quatre bœufs, les coupa en quarante morceaux qu'il jeta par-dessus la haie, à l'intérieur du pré !

Puis, il ne se pressa pas pour rentrer afin de bien réfléchir à la suite des événements...

Dès qu'il fut de retour, son maître qui l'attendait, le regard méchant, lui demanda s'il avait bien fait exactement ce qui lui avait été ordonné.

« J'ai fait exactement ce que vous m'aviez commandé, répondit Pipète tranquillement, les quatre bœufs sont dans le pré. Vous pouvez vérifier ! Pour les y mettre, je n'ai pas ouvert les portes, ni abîmé la haie...

— Ah ? et comment as-tu fait ? je voudrais bien le savoir ! demanda le maître étonné, mon pré serait-il devenu enchanté pour que mes quatre bœufs y puissent entrer sans passer par la porte ?

— Si vous ne me croyez pas, allez-y voir ! » répondit Pipète qui pensait qu'il n'était pas nécessaire d'être poli avec un si méchant maître...

Le fermier s'y rendit donc, plein de curiosité...

Mais quand il vit ce qu'avait fait Pipète, il faillit en tomber raide ! Ses bœufs ! ses quatre gros bœufs étaient bien dans le pré, mais coupés en morceaux comme petit-salé dans la terrine !

Il rentra chez lui encore plus furieux et encore plus méchant qu'avant...

« Ah ! vilain ! brigand ! canaille ! animal ! démon ! assassin ! pourquoi as-tu fait cela à mes bœufs !

— Vous m'aviez demandé quelque chose d'impossible, pour pouvoir me punir et peut-être me renvoyer... j'ai dû faire une chose impossible à mon tour pour vous obéir ! N'êtes-vous pas satisfait ?

— Bien sûr que non ! puisque je n'ai plus de bœufs maintenant !

— Alors, si vous n'êtes pas d'accord, vous n'avez qu'à me montrer votre échine, cela changera sûrement les choses... en tout cas pour vous ! »

Et, ce disant, Pipète brandit la brassée d'orties qu'il avait ramassée dans le pré... de belles orties toutes fraîches à vous mettre la peau à vif !

« Si ! si ! si ! je suis satisfait ! satisfait d'aller au marché acheter deux nouvelles paires de bœufs ! » s'écria bien vite le fermier qui tenait à la peau de son dos.

Mais à partir de ce moment le maître de Pipète n'eut plus qu'une idée dans sa méchante cervelle ; se débarrasser de son domestique au plus vite...

A force de chercher, il se rappela ce fameux Bois du Diable dont personne n'était jamais revenu !

Il ordonna immédiatement à Pipète d'y conduire les cochons et de les y garder jusqu'au soir. Pipète, ravi de l'aubaine, trouvant qu'il était moins fatigant de garder des cochons dans les bois, que de couper des bœufs en morceaux ou de pousser la charrue... partit donc vers le Bois du Diable précédé des cochons.

Sur son chemin, il rencontra une femme qui allait au village vendre un plein panier de fromages blancs.

« Où allez-vous, jeune homme, par ce chemin, avec vos cochons devant vous ? lui demanda-t-elle.

— Je vais garder les cochons de mon maître dans la Forêt du Diable !

— La Forêt du Diable ! Mais mon pauvre garçon, vous ne savez donc pas que c'est le domaine du diable ? Celui qui ose s'y aventurer n'en revient jamais : le diable l'emporte avec lui dans son repaire !

— Et pourtant, il faut que j'y aille. Mon maître me l'a ordonné ! Mais donnez-moi un de vos fromages blancs, et pensez à moi ! avec votre aide je saurai me défendre du diable !

— Tenez, mon garçon, en voici un! et comptez sur moi ! »

La femme lui donna un fromage blanc et disparut dans les bois sans oser se retourner, tout effrayée à l'idée que Pipète allait affronter le démon dans la Forêt du Diable...

Pipète prit le fromage blanc et continua son chemin, poussant devant lui les cochons de son maître.

Un peu plus tard, il rencontra une femme qui allait au village vendre sept perdrix vivantes.

« Où allez-vous, jeune homme, avec vos cochons devant vous, et ce fromage blanc bien appétissant ?

— Je vais garder les cochons de mon maître dans la Forêt du Diable !

— Dans la Forêt du Diable ! Mais, mon pauvre garçon, vous ne savez donc pas que c'est le domaine du diable ? Celui qui ose s'y aventurer n'en revient jamais ! le diable l'emporte avec lui dans son repaire, jusqu'aux abîmes de l'enfer !

— Et pourtant, il me faut bien y aller, mon maître me l'a ordonné ! Mais donnez-moi une de vos perdrix et pensez à moi ! avec votre aide, je saurai me défendre du diable lui-même !

— Tenez mon garçon ! prenez celle-ci et comptez sur moi ! »

La femme lui donna une perdrix et disparut dans les bois sans oser se retourner, très inquiète pour ce pauvre Pipète qui allait affronter le démon dans la Forêt du Diable...

Pipète mit la perdrix dans sa poche et continua son chemin, poussant devant lui son troupeau de cochons.

Un peu plus tard, il rencontra une femme qui emportait dans son panier du fil à tisser la toile.

« Où allez-vous, jeune homme, avec vos cochons devant vous, ce fromage blanc bien appétissant, et cette perdrix en poche ?

— Je vais garder les cochons de mon maître dans la Forêt du Diable !

— Dans la Forêt du Diable ! Mais mon pauvre garçon, vous ne savez pas que c'est le domaine du diable ? Celui qui ose s'y aventurer n'en revient jamais ! le diable l'emporte avec lui dans son repaire, et jusqu'aux abîmes de l'enfer pour le faire brûler jusqu'à la fin des temps !

— Et pourtant, je dois absolument y aller, mon maître me l'a ordonné ! mais donnez-moi une grosse pelote de fil et pensez à moi ! Avec votre aide, je saurai me défendre du diable lui-même !

— Tenez, mon garcon ! prenez celle-ci et comptez sur moi ! »

Et la femme lui donna une grosse pelote de fil et disparut dans les bois sans oser se retourner, tremblant pour Pipète qui allait affronter le démon dans la Forêt du Diable...

Pipète mit la pelote de fil dans son autre poche et continua son chemin en poussant toujours devant lui son troupeau de cochons. Il était presque arrivé dans la Forêt du Diable quand il rencontra un chasseur de sa connaissance.

« Où vas-tu, Pipète, par ce chemin, avec tes cochons devant toi, ton fromage blanc bien appétissant, une perdrix dans une poche, une pelote de fil dans l'autre ?

— Je vais garder les cochons de mon maître dans la Forêt du Diable !

— Dans la Forêt du Diable ? Ne t'a-t-on pas dit déjà trois fois de ne pas y aller ! Celui qui ose s'y aventurer n'en revient jamais ! le diable l'emporte avec lui dans son repaire, l'entraîne dans les abîmes de l'enfer, et le fait brûler jusqu'à la fin des temps !

— Et pourtant, répondit Pipète, je dois y aller, mon maître me l'a ordonné ! Mais prête-moi ton fusil et tes balles, et pense à moi ! avec ton aide, je saurai me défendre du diable! »

Le chasseur lui laissa son fusil et ses balles, et disparut dans les bois, sans oser se retourner pour regarder une dernière fois celui qui allait affronter le démon dans la Forêt du Diable...

Pipète arriva enfin dans un bois de chênes, sombre et glacial... C'était bien là la Forêt du Diable !

Ses cochons se mirent à manger des glands, et Pipète regarda tout autour de lui à la recherche du diable...

Et comme il ne le voyait nulle part, et que les sous-bois étaient envahis de broussailles, il décida de grimper sur un chêne pour mieux voir.

Alors, Lucifer en personne se montra !

Il était presque aussi grand qu'un arbre, tout habillé de rouge, et portait sur son front deux cornes semblables à celles des taureaux de Salers...

« Jeune homme ! que faites-vous chez moi ! cria-t-il de sa voix grinçante.

— Vous le voyez bien ! je garde mes cochons qui mangent des glands, et je grimpe sur un arbre pour mieux vous voir !

— Et que vas-tu faire à présent ?

— Te montrer que je sais bien cracher ! »

Il épaula son fusil, tira, et envoya une balle dans la figure du diable, juste entre ses deux cornes !

Mais le diable ne sentit même pas la balle passer !

« Feu de l'enfer ! s'écria Lucifer, à ta façon de cracher, je veux bien croire que tu es fort. Descends donc un peu que nous nous mesurions tous les deux, *berger de cochons !* »

Pipète descendit de l'arbre avec son fromage blanc, sa perdrix vivante, sa grosse pelote de fil, et son fusil.

Lucifer se baissa, prit une pierre, et la lança contre un arbre : la pierre se brisa en mille morceaux.

« A toi, *berger de cochons !* » cria-t-il.

Pipète se baissa, fit comme s'il ramassait un caillou, mais prit son fromage blanc et le lança de toutes ses forces contre un arbre... et le fromage éclata en mille cinq cents morceaux !

Lucifer ne dit rien. Il se baissa, prit une nouvelle pierre, et la lança au loin. Ils la virent tomber à plus d'une lieue de là. Pipète fit encore semblant de se baisser, prit la perdrix vivante dans sa poche, et la lança très loin. Lucifer la prit pour une pierre... mais la perdrix battit des ailes et alla si loin, qu'ils ne la virent pas retomber sur terre !

« Feu de l'enfer ! hurla Lucifer... serais-tu plus fort que le diable, *berger de cochons* que tu es ! Voyons maintenant quel sera celui de nous deux qui portera le plus gros fagot de bois ! »

Le diable entraîna Pipète dans une clairière où un immense tas de bois était préparé. Il le prit tout entier sur son dos. Il y en avait au moins pour cinq charretées bien pleines !

« Vous ne prenez que ça ! osa dire ironiquement Pipète, alors, regardez-moi faire, Lucifer ! »

Et Pipète entraîna le diable jusqu'à la lisière de son bois. Il prit dans sa poche la grosse pelote de fil, fit un nœud autour d'un des arbres, et en dévidant la bobine, se mit à faire le tour de la forêt à grandes enjambées, suivi par Lucifer.

Quand le diable comprit ce que Pipète était en train de faire, il l'arrêta :

« Ecoute, mon ami ! Laisse là tout ce bois, parce que je vois que tu emporterais tous mes arbres, et ce ne serait pas de jeu ! Tu es plus fort que moi, c'est entendu, c'est prouvé, je te crois ! Pour cette raison, je te laisse garder tes cochons dans ma forêt ! »

Et Lucifer, tout honteux, baissant sa tête cornue, disparut dans son enfer sans emmener Pipète avec lui !

Pour la première fois, le diable avait trouvé plus fort que lui.

Pipète, débarrassé du diable et content de son sort comme on peut le croire, prit ses cochons tout bourrés de glands, les mena à la foire, les vendit un bon prix, et empocha l'argent !

Puis, il retourna tranquillement chez son maître.

En le voyant, celui-ci en trembla d'étonnement et ne put retenir sa colère :

« Comment ? Quoi ? Tu es là ? Tu n'as pas eu affaire au diable dans son bois ? Il ne t'a pas emporté avec lui dans son enfer ?

— Eh bien, non ! puisque me voici là !

— Mais... et mes cochons ?

— Vos cochons ! le diable les a pris pour se les faire cuire ! et il vous fera payer tous les glands qu'ils ont mangés !

— Malheur de malheur ! et maudit serviteur ! hurla le maître en se lamentant, ça ne t'a donc pas suffi de couper mes bœufs en morceaux ! il a encore fallu que tu donnes mes porcs à Lucifer !

— Si vous n'êtes pas content, vous n'avez qu'à me montrer votre échine, cela changera sûrement les choses, en tout cas pour vous ! J'ai plus d'orties qu'il n'en faut pour vous user la peau du dos ! Par Lucifer que je viens de rencontrer, vous l'aurez bien mérité !

— Si ! si ! si ! je suis très content, je suis même ravi... » répondit le maître qui rentra dans sa maison en fermant bien la porte derrière lui.

Il n'avait donc pas encore trouvé le moyen de se débarrasser de ce damné valet qui avait coupé ses bœufs en morceaux, donné au diable ses cochons, et le menaçait de lui frotter l'échine aux orties...

Mais sa femme essaya de le calmer :

« Je sais comment nous débarrasser enfin de ce Pipète, dit-elle à son mari. Je vais grimper sur le prunier devant la maison, et de là-haut, je chanterai « coucou... coucou ! ». Tu feras le compte de cet endiablé, nous devions le garder jusqu'à ce que le coucou chante... Eh bien, le coucou va chanter plus tôt que prévu et nous allons pouvoir le renvoyer !

« Dès que j'aurai chanté, nous en serons enfin débarrassés! »

Un quart d'heure plus tard, Pipète entendit :

« Coucou ! coucou ! coucou ! coucou !... »

« Tiens, se dit-il, voilà un coucou qui chante un peu trop tôt avant le mois d'avril, pour être un vrai coucou ! »

Mais il fit semblant d'y croire, tellement il était content de quitter enfin ce méchant maître, après avoir bien vengé son frère.

Il prépara son bagage, empocha l'argent par-dessus celui qu'il avait gagné en vendant les cochons, et, heureux comme un roi, riche comme un marchand, Pipète prit, en chantant, le chemin de sa maison.

Le retour
du Capitaine Laventure

LE RETOUR DU CAPITAINE LAVENTURE

LE CAPITAINE Laventure avait bien guerroyé durant deux années. Il n'était pas fâché d'aller revoir tout son monde et son village au bord de la Sioule.

Il marchait d'un bon pas. Il était jeune, beau et ne sentait pas la fatigue. Peut-être, allait-on le décorer...

Et tout le long du chemin, son sac sur une épaule et sa hallebarde sur l'autre, il chantait :

Naguère, naguère,
J'étais à la guerre!
Quelle sera la belle
Qui sera la mienne?
Je n'en connais guère
J'étais à la guerre!

Il ne savait pas, le brave Laventure, qu'il épouserait la plus belle, mais qu'il lui faudrait pour elle réussir les exploits les plus difficiles, même pour un bon soldat comme lui!

Et tout en chantant, il traversait les bois. Il fut soudain bien étonné de rencontrer sous un gros chêne un loup, un aigle et une fourmi en train de se disputer autour des restes d'un mouton. Tous les trois l'avaient découvert au même moment et chacun en revendiquait un bon morceau.

« Toi qui reviens de la guerre, beau capitaine ! dit le loup, aide-nous à faire un partage équitable. Nous n'arrivons pas à nous mettre d'accord, et la faim qui nous vient n'arrange rien !

— Nous ferons ce que tu diras ! » dirent les deux autres pleins d'admiration pour le beau capitaine.

Laventure réfléchit un instant. Puis il tira son grand sabre, trancha le mouton, et dit :

« Toi, le loup, tu as de bonnes dents pointues. Je te donne les quatre membres !

— C'est bien ce qu'il me faut, dit le loup.

— Toi, l'aigle, continua Laventure, tu as un bec fort et crochu, tu auras la carcasse !

— Je suis content comme ça ! répondit l'aigle.

— Et toi, la fourmi, dit encore Laventure, tu es petite et menue, mais tu es habile et gourmande et tu te glisses partout. Tu sauras tirer le meilleur parti de la tête. Elle te revient !

— C'est bien jugé ! » dirent les trois bêtes satisfaites et pleines d'admiration pour la sagesse du capitaine.

Laventure allait reprendre son chemin quand les trois bêtes l'arrêtèrent :

« Que te donnerons-nous pour te remercier ? demandèrent-elles en chœur.

— Rien du tout ! répondit Laventure qui n'avait pensé qu'à leur rendre service et à les empêcher de se disputer.

— Toute peine mérite un salaire, capitaine ! dit l'aigle. Ecoute bien ce que je te dis et surtout ne l'oublie pas : si, un jour, tu te trouves en difficulté et qu'il te soit plus utile d'être aigle plutôt que capitaine, tu diras seulement : « Aigle ! change-moi en aigle ! »

— Je le dirai ! dit Laventure étonné.

— Et s'il était meilleur pour toi d'être loup plutôt qu'aigle ou capitaine, ajouta le loup, tu n'auras qu'à dire : « Loup ! change-moi en loup ! »

— Je le dirai ! dit Laventure qui se demandait quelles difficultés il pourrait bien rencontrer sur son chemin.

— Et s'il était meilleur pour toi, dit enfin la fourmi, d'être fourmi plutôt qu'aigle, loup ou capitaine, tu n'aurais qu'à dire : « Fourmi ! change-moi en fourmi ! »

— Je le dirai ! » dit Laventure, de plus en plus étonné.

Il remercia poliment ces trois bêtes, qui avaient plus de savoir-vivre que bien des personnes, et continua son chemin car il était pressé de retrouver sa mère et son village.

Or, en passant par Orcival, il s'aperçut que dans la ville tout le monde pleurait et se lamentait.

« Voilà des gens qui ne savent pas prendre la vie comme elle vient ! pensa Laventure, ou bien alors, il leur est arrivé un grand malheur !

— Ah ! quel malheur ! quel malheur ! Monsieur le capitaine ! vint justement lui raconter une vieille femme. Notre princesse a été enlevée par le monstre. Il va la dévorer demain à midi.

— D'ici à demain, dit Laventure, la fille du roi a bien le temps d'être délivrée, promesse de Laventure !

— Ah ! capitaine ! On voit bien que vous n'êtes pas d'ici ! répondit la vieille femme en pleurant. Depuis un an, la princesse est prisonnière de la Bête ! Tout le monde s'y est mis : les jeunes comme les vieux, et les hommes les plus courageux ont voulu la délivrer, mais aucun n'en est revenu !

— C'est qu'ils n'ont pas su s'y prendre ! cria Laventure déjà prêt à bondir.

— Pour délivrer la princesse, continua la vieille, il faudrait d'abord détruire la Bête qui la garde prisonnière dans son château. Et pour détruire la Bête, il faut briser l'œuf caché dans la plus haute chambre du donjon...

— Quel œuf ? demanda Laventure qui commençait à trouver que l'aventure en valait la peine.

— C'est le cœur même du monstre ! Il ne périra que lorsque cet œuf sera détruit !

— Il faut essayer encore une fois ! s'écria Laventure. Où se trouve le château du monstre où la princesse attend depuis un an ? »

Et Laventure se fit expliquer le chemin du château de la Bête. Il partit aussitôt, sans même prendre le temps d'aller promettre au roi de lui ramener sa fille.

Mais le château du monstre était loin, très très loin... et Laventure, qui avait déjà cheminé toute la journée dans ses bottes, commença à être fatigué bien avant d'arriver. Or, le temps pressait !

Alors Laventure s'assit sous un chataîgnier et se mit à penser au loup, à l'aigle et à la fourmi qu'il avait rencontrés

dans les bois, à leurs promesses, et aux souhaits qu'il pouvait faire s'il se trouvait en difficulté...

« Ma foi, se dit-il, pourquoi ne pas essayer ? les choses et les bêtes sont si étranges depuis ce matin ! Si j'étais un aigle, je serais déjà perché tout en haut de la plus haute tour du château du monstre, ou bien je survolerai son donjon ! »

Et il répéta exactement cela :

« Aigle ! si tu peux le faire, change-moi en aigle s'il te plaît ! »

Et voilà que tout à coup, Laventure n'est plus capitaine, mais aigle !

Il n'a pas le temps de s'étonner : des ailes énormes lui poussent, il lui vient un bec courbe, des yeux perçants, des serres puissantes...

D'un seul coup d'ailes, il s'élève dans les airs et vole bientôt comme le vent, si vite et si haut qu'il ne reconnaît plus les champs et les bois de son pays qui défilent tout en bas ! Il voit passer un, deux, trois villages minuscules au bord de la Sioule, mince et brillante comme un serpent d'argent.

En face de lui, le château du monstre apparaît, immense, éclairé par le soleil couchant, entouré de ses épaisses murailles, gardé par ses sept tours fortifiées. Le donjon semble toucher les nuages. L'aigle survole le château, il tourne autour de ses sept tours. Ses yeux perçants ne voient âme qui vive, ni dans les cours intérieures ni sur le chemin de ronde, personne à la tour de guet. Seule la porte du donjon est gardée par un dogue féroce.

L'aigle Laventure n'a pas oublié que dans la plus haute chambre du donjon bat le cœur du monstre. Dans une chambre plus basse la princesse attend et le temps presse...

Alors, il descend doucement, en planant, jusqu'à l'entrée du donjon, et là, Laventure répète exactement cela :

« Loup ! si tu peux le faire, change-moi en loup s'il te plaît ! »

Et voilà que Laventure n'est plus capitaine ni aigle, mais loup. Le loup étrangle le dogue qui garde la porte du donjon, puis redevient Laventure pour entrer dans la salle basse du donjon.

Laventure monta l'escalier qui conduisait tout en haut du donjon. Il crut entendre en passant les pleurs de la princesse, mais il savait qu'il ne devait pas s'arrêter, car il ne restait plus que quatre minutes pour transpercer le cœur de la Bête qui battait tout en haut...

Laventure monta, monta encore, jusqu'à la porte la plus haute. Et là, il dut s'arrêter car la porte était bardée de fer et plusieurs fois verrouillée.

Alors, il répéta exactement cela :

« Fourmi ! si tu peux le faire, change-moi en fourmi s'il te plaît ! »

Et voilà Laventure qui se sent devenir petit, tout petit, aussi minuscule qu'une fourmi. Il est fourmi, passe sous les portes, grimpe sur les étagères, sur le tabouret, dans les armoires... et découvre le coffret d'or où bat le cœur du monstre !

Alors Laventure redevint Laventure.

Il lui fallait ses deux mains et son gros couteau de soldat pour ouvrir le coffret d'or.

L'œuf y était, plus dur que pierre, et cependant, il battait comme un cœur.

Laventure prit son grand sabre et d'un seul coup le fendit. Il avait tué le monstre !

Aussitôt Laventure, qui n'avait pensé qu'à la princesse, descendit l'escalier du donjon... L'heure à laquelle la princesse devait être dévorée venait de sonner, mais le monstre était mort et personne n'empêcherait plus Laventure de délivrer la princesse !

Le capitaine Laventure entra chez la princesse qui était belle comme le jour. Il la prit par la main et la ramena au roi son père. Le roi voulut bien de Laventure pour gendre, et la princesse le voulut pour mari.

La princesse épousa le beau capitaine et ils vécurent longtemps, heureux l'un de l'autre.

Et jamais Laventure n'oublia l'aigle, le loup et la fourmi qui l'avaient tant aidé !

Géline la maligne

GÉLINE LA MALIGNE

COT COT codett! codett! faisait Géline la poule sans vouloir s'arrêter de caqueter. Cot cot codett! codett!

— Va-t-elle se taire à la fin? » criaient le fermier Paulien, la fermière et toute la famille. Ils se disaient que la Géline avait sans doute pondu un œuf, comme tous les jours. Il n'y avait pas de quoi faire tout ce tintamarre pour un œuf! »

Ils auraient bien mieux fait d'aller voir!

Ils auraient été bien étonnés d'apprendre que Géline la maligne venait de découvrir en piquant du bec dans un tas de fumier... Devinez quoi? une bourse pleine d'or!

Enfin la Géline s'arrêta de caqueter et, les yeux écarquillés, se mit à compter son or. Elle compta même très bien :

« Un, deux, trois...

Dix, vingt, trente...

Quatre-vingts, quatre-vingt-dix, cent!

Cent écus d'or! »

La Géline mit la bourse sous son aile, quitta le poulailler du fermier Paulien, et fière comme une poule qui aurait trompé le renard, se mit à marcher droit devant elle, bec en avant, crête au vent, sur la route de Chantenges en répétant comme une poule qui aurait perdu la tête :

Cot cot codett! codett!
J'ai de l'or! de l'or!
Cent écus d'or sous mon aile!
Cot cot codett! codett!

Elle passa bientôt la cour d'une ferme en caquetant toujours la même rengaine. Le fermier, qui n'était pas très honnête, et qui avait justement des dettes, l'entendit.

« De l'or? s'étonna-t-il, cette poule est complètement folle ! »

Et la Géline, à qui la fortune faisait en effet perdre la tête, fut assez bête pour lui montrer ses cent écus...

Alors le fermier se fit tout doux, tout poli et bien gentil :

« Géline, ma belle Géline ! lui dit-il, prête-moi tes cent écus, je te les rendrai avec les intérêts, tope là ! dans trois mois ! »

La Géline fut si flattée qu'on lui parlât comme à la banque, qu'elle prêta sans se méfier les cent écus qu'elle avait trouvés...

La tête haute comme une poule riche qu'elle était, elle retourna dans son poulailler où personne ne voulut croire qu'elle avait fait fortune ! Pourtant elle caquetait de plus belle, et répétait à la volaille et aux fermiers :

« J'ai cent écus bien placés, je suis plus riche que le fermier ! »

Quand les trois mois furent passés, la Géline quitta son poulailler, partit droit devant elle, bec en avant, crête au vent, et arriva comme un huissier devant le fermier à qui elle avait prêté son or :

« Fermier ! rends-moi mes cent écus, il est temps ! »

Mais le fermier qui n'était pas décidé à la payer lui cria :

« Reviens dans trois mois et tu les auras ! »

Mais ce malhonnête avait une autre idée dans la tête : il espérait bien qu'avant trois mois, la Géline serait passée à la marmite, et qu'il n'entendrait plus parler d'elle !

Furieuse, la poule s'en retourna donc dans son poulailler sans son or, mais caquetant encore plus fort, qu'elle était riche, plus riche que le fermier Paulien (qui n'avait jamais vu son or, et qui bien sûr n'y croyait pas).

Trois mois plus tard, la Géline quitta son poulailler, partit droit devant elle, bec en avant, crête au vent, et arriva en caquetant devant le fermier pour lui réclamer ses cent écus :

« Fermier ! rends-moi ce que tu me dois ! »

Mais le fermier qui n'était pas plus décidé à la payer, lui cria :

« Reviens dans trois mois ! Je te les rendrai, crois-moi ! »

La poule repartit encore plus mécontente, en caquetant furieusement. Elle commençait, mais un peu tard, à comprendre à qui elle avait eu affaire... Elle avait été riche, mais elle ne l'était plus !

Bête de poule ! qui n'avait même pas demandé un seul papier écrit et signé ! Il était bien temps d'y penser maintenant !

Mais de toute façon, les avocats et les juges n'ont pas plus l'habitude de se déranger pour une poule que pour des prunes !

Avec un peu plus de sagesse qu'elle n'en avait montrée jusque-là, la pauvre poule se dit en elle-même, qu'elle aurait bien mieux fait de ne penser qu'à pondre des œufs !

Trois mois passèrent encore, et cette fois, elle se précipita sur le chemin, bec en avant, crête au vent, plumes en bataille !

« Rends-moi mes cent écus, il y a neuf mois que tu me les dois ! »

Alors le fermier changea de chanson, bien décidé à lui rabattre son caquet :

« Passe ton chemin ! lui cria-t-il, je ne te dois rien ! »

La pauvre Géline en eut le souffle coupé, et pour un moment s'arrêta enfin de caqueter...

Après avoir raconté dans tout le pays qu'elle était riche, voilà qu'elle ne l'était plus ! Elle n'eut pas le courage de retourner tête basse dans le poulailler du fermier Paulien. Elle se dit que voyager lui ferait du bien, et que voir du pays lui enlèverait ses soucis... et la voilà partie du côté de Saint-Julien à travers champs, bec en avant, crête au vent, mais bien silencieuse maintenant !

Elle rencontra d'abord un ruisseau qui coulait dans les prés. Il ne pouvait pas changer de place, et voulait pourtant voir du pays. En voyant passer la Géline, il lui dit :

« Poule ! Poule ! je suis ruisseau
Mais je voudrais bien m'en aller
Où il me plaît... comme tu le fais.
Poule ! Poule ! Emmène-moi !
Emmène-moi avec toi ! »

La Géline, qui n'était pas une méchante poule, ne voyait pas pourquoi elle n'aurait pas fait plaisir au ruisseau. Sans hésiter, elle lui répondit :

Passe par mon bec,
entre dans ma bouffette !
Je t'emmène où je vais !

Mais ce qu'elle ne disait pas, c'est qu'elle ne savait pas où elle allait !

Le ruisseau fit comme elle lui avait dit. Il passa par son bec, entra dans sa bouffette (c'était peut-être son gésier, car cette poule-là n'était sûrement pas une poule comme les autres !) et y resta.

Tout en marchant, la Géline pensait encore à toutes les pièces d'or qu'elle avait perdues, mais elle n'en parlait plus.

Quand elle quitta les champs pour les bois, elle rencontra,

par hasard, le renard. Les poules n'aiment pas beaucoup ces rencontres-là... et pour cela, la Géline était bien comme les autres poules !

Le renard lui dit :

Poule ! Poule !
Toi qui voyages par le pays,
Emmène-moi avec toi !
Mes pattes sont fatiguées !

— Passe par mon bec,
entre dans ma bouffette !
et restes-y !

se dépêcha de répondre la Géline qui aimait mieux savoir le renard dans son ventre qu'à ses trousses !

Le renard fit comme elle lui avait dit. Il passa par son bec, entra dans sa bouffette et y resta.

Et tout en marchant dans les bois, la Géline pensait encore à toutes les pièces d'or qu'elle avait perdues, mais elle n'en parlait plus.

Avant de quitter les bois, elle rencontra encore le loup. Les poules n'aiment pas du tout les loups. Et pour cela aussi, la Géline était bien comme toutes les autres poules !

Le loup lui dit :

Poule ! Poule !
Toi qui te promènes,
Laisse-moi un peu te suivre
Pour voir où tu vas !

— Passe par mon bec,
Entre dans ma bouffette !
Et n'en sors pas !

se dépêcha de répondre la Géline qui n'avait pas du tout envie de sentir le loup derrière elle !

Et le loup fit comme elle lui avait dit. Il passa son bec, entra dans sa bouffette et n'en bougea pas.

Quand elle quitta les bois pour les coteaux, la Géline rencontra cette fois un essaim d'abeilles qui lui dit :

Poule! Poule!
Toi qui voyages par le pays,
emmène-nous avec toi,
nous te tiendrons compagnie!

Et la Géline de répondre encore une fois :

Passez par mon bec,
entrez dans ma bouffette,
si vous y trouvez place!

Et l'essaim d'abeilles fit comme elle lui avait dit.

Mais à force de marcher, bec en avant, crête au vent, sans savoir où elle allait, la Géline s'aperçut qu'elle revenait d'un bon pas chez le fermier qui lui avait volé ses cent écus!

Et l'on peut dire que celui-ci ne s'attendait vraiment pas à la revoir!

« Cot cot codett ! codett ! caqueta-t-elle à tue-tête, rends-moi les cent écus que tu me dois, ou tu auras affaire à moi !

— Encore toi ! hurla le fermier, cette fois je vais t'attraper pour ne plus t'entendre réclamer ! »

Et il l'attrapa avant qu'elle ait eu le temps de se sauver, mais sans remarquer combien elle pesait lourd !

Il la jeta dans le four, comme ça, avec les plumes et tout !

Or, le four était déjà chaud...

Alors la Géline entendit parler le ruisseau :

« Poule ! Poule ! laisse-moi vite sortir ! disait-il, ou nous allons tous être grillés ! »

Et le ruisseau sortit, éteignant le feu, sauvant la vie à la Géline, au renard, au loup, et aux abeilles...

La Géline en profita pour réclamer de nouveau son or... car c'était une poule qui avait vraiment de la suite dans les idées !

Alors le fermier, absolument furieux, l'attrapa encore une fois avant qu'elle ait eu le temps de se sauver, et la jeta dans la basse-cour au beau milieu de la volaille.

« Assez d'histoires comme ça ! » hurla-t-il.

Il pensait que la Géline se ferait vite dresser par les autres et qu'on saurait lui rabaisser le caquet. La pauvre allait en effet être attaquée de tous côtés, à coups de bec, à coups d'ergots, par les poules, les oies et les jars... quand elle entendit la voix du renard :

« Poule ! Poule ! laisse-moi vite sortir ! disait-il. Je crois que je vais faire un bon repas ! »

Et le renard sortit... Sans perdre un instant, il nettoya toute la basse-cour. Il ne restait plus de vivants que la Géline et ce qu'il y avait encore dans sa bouffette !

Quelle colère ! mais quelle colère, quand le fermier vit ce carnage ! Il ne chercha même pas à comprendre d'où cette poule tirait la force d'éteindre le four et de manger toute la basse-cour. Il la fit mettre dans l'étable des moutons, si remplie qu'il n'y restait même plus de place pour une poule ! La Géline se sentait étouffer, quand elle entendit la voix du loup :

« Poule ! Poule ! Laisse-moi sortir ! Laisse-moi vite sortir ! disait-il. Je crois que je vais bien me régaler ! »

Jamais loup ne fut à pareille fête. Des moutons, il ne resta plus que la laine ! La fermière allait pouvoir la filer pendant des années !

Quant au fermier, il en perdait la tête !

« Attrape-moi cette poule ensorcelée ! » disait-il à son fils, comme s'il n'osait plus y toucher, « et coupe-lui la tête ! »

Alors, Géline entendit les abeilles de l'essaim bourdonner :

« Poule ! laisse-nous vite sortir ! disaient les abeilles, c'est à nous de jouer maintenant ! »

Et les abeilles de se précipiter dehors, de bourdonner et de piquer, de piquer et de bourdonner...

Les hommes, les femmes, et tout ce qui restait de bêtes, ne purent les supporter longtemps.

Le fermier se mit à crier :

« Je te rendrai tes cent écus ! je te les rendrai puisque tu les veux, si ces abeilles arrêtent de me piquer ! »

Alors la Géline demanda aux abeilles de retourner chez elles, et le fermier lui rendit ses cent écus. On peut dire qu'elle ne réclamait que son dû, cette poule !

Mais pour une poule, elle avait la tête dure, et de la suite dans les idées !

Le ruisseau, le renard, le loup, l'essaim d'abeilles s'en allèrent chacun de son côté...

Le fermier malhonnête changea peut-être ?

Et la poule rentra enfin chez elle avec ses cent écus sous son aile.

L'or ne fait pas toujours le bonheur, mais on est sûr que la Géline était contente de son sort !

Les farces de l'Antoine

LES FARCES DE L'ANTOINE

IL Y A très longtemps, un pauvre paysan vivait dans les montagnes de la Margeride avec sa femme et ses onze enfants. On l'avait surnommé le père Le Grillon parce qu'il chantait toute la journée...

Et pourtant, la vie n'était pas facile là-haut dans la montagne, et le pauvre père Le Grillon avait bien du mal à nourrir toute sa maisonnée ! Mais ce n'était pas son ventre vide qui l'aurait empêché de chanter du matin au soir. Au contraire !

Quant à ses onze enfants, ce n'était pas le peu de soupe et de pain noir dont ils se nourrissaient qui les empêchait de grandir et de vivre heureux.

Mais quand l'Antoine, le onzième et dernier enfant du père Le Grillon, et le seul qui fût gourmand, devint grand... il sentit venir en lui une envie de dévorer comme quatre, au moins une fois dans sa vie, dût-il éclater d'avoir trop mangé !

Et voilà que l'Antoine du Grillon se prit à rêver, toutes les nuits, à toutes les bonnes choses auxquelles il n'avait encore jamais goûté de sa vie !

Des dindons à la broche, des jambons fumés, des gigots rôtis, des oies farcies peuplaient son sommeil... Tandis que les vins les plus délicieux et les plus capiteux caressaient son palais et réchauffaient son cœur.

Hélas ! pauvre Antoine du Grillon ! Quand il se réveillait son estomac était bien creux, et bien maigre la soupe au pain noir qui attendait sur la table !

Un matin, Antoine mit sa blouse la moins usée, prit sa bourse vide, et décida d'aller contenter son envie de se régaler. Seulement il ne savait pas encore comment il allait faire, mais d'un pas résolu, il descendit de sa montagne et prit le chemin de la ville.

Au détour du chemin, avant d'entrer dans Langeac, l'Antoine remarqua un attroupement. Il s'approcha pour savoir ce que l'on disait :

« Hélas ! entendait-il répéter par toutes les bouches, la dame de Lavoûte a perdu son diamant ce matin !

— Et son seigneur qui revient dans trois jours !

— Un diamant aussi gros qu'une noix !

— La dame demande que l'on aille quérir un devin et qu'on le conduise au château !

— Un devin ! mais il n'y en a pas un seul à cent lieues à la ronde ! »

« Que je me fasse pendre ou prendre ! se promit Antoine en lui-même ; puisqu'il leur faut un devin, c'est moi qui ferai ce devin ! mais d'abord... que l'on me régale bien ! je veux manger et boire pour toute une année ! »

Alors, l'Antoine du Grillon se fit conduire au château de Lavoûte et, là, prétendit qu'il était devin. Il promit à la dame de retrouver son diamant si on lui donnait à manger pendant trois jours, et si on le laissait dormir trois bonnes nuits au château.

« Si ça tourne mal pour moi, tant pis ! pensait-il... au moins je me serai bien régalé ! »

Et pendant trois jours, la table de l'Antoine fut garnie com-

me celle d'un roi par trois servantes chargées de lui apporter l'extravagant menu qu'il avait commandé : trois dindons à la broche, trois jambons fumés, trois gigots rôtis, trois oies farcies, préparés de la meilleure façon et accompagnés des vins les plus délicieux...

Au soir du premier jour, l'Antoine se portait fort bien, le ventre tout rond, la tête légère et le cœur joyeux. Il était bien le seul au château à ne pas se soucier du diamant perdu...

Tandis que la première servante lui préparait son lit de plumes, il se mit à chantonner joyeusement dans sa barbe : « En voici une d'attrapée ! en voici une d'attrapée ! » Il pensait à la dame du château qu'il avait effectivement bien attrapée, en lui faisant croire si facilement qu'il était devin...

Mais la servante crut que le devin avait déjà découvert son larcin — car c'était elle qui avait volé le diamant — elle se sauva dans sa chambre, absolument épouvantée.

L'Antoine du Grillon passa une très bonne nuit dans son lit de plumes et s'étonna de rêver encore de dindons à la broche et de jambons fumés...

Le lendemain, l'Antoine resta à table toute la journée, et mangea pour toute une année. Il fut servi comme un roi par les trois servantes qui échangeaient entre elles des coups d'œil inquiets car elles avaient bien quelque chose à se reprocher.

Quand il se leva de table pour aller se coucher, il était devenu si gros et si rond qu'il aurait pu rouler comme un tonneau. Il s'accrocha au bras de la seconde servante pour ne pas tomber et s'écria : « Maintenant, je tiens la seconde, je tiens la seconde ! »

La seconde servante — c'était elle qui avait caché le diamant dans la chambre de la troisième — crut qu'elle était découverte. Aussitôt elle décida d'avouer toute la vérité à celui qu'elle prenait pour un fameux devin.

Alors Antoine, à qui les trois servantes remirent en grand secret le diamant, promit de tout arranger de la meilleure façon avec la dame du château, si on lui donnait encore à manger jusqu'à plus faim le lendemain qui était le troisième jour.

Il passa une très bonne nuit dans son lit de plumes. Il paraît qu'il rêva encore de dindons à la broche et de jambons fumés...

Dès le matin du troisième jour, il se fit servir comme de coutume et se régala jusqu'à la nuit. On se demande encore à Langeac comment son ventre n'éclata pas ce soir-là !

Puis il s'en fut se coucher de nouveau dans son lit de plumes.

On raconte que cette nuit-là, il ne rêva plus de dindons à la broche, de jambons fumés, de gigots rôtis, ni d'oies farcies... C'est à croire qu'il avait enfin passé son envie !

Au matin du quatrième jour, un fait est certain, c'est que

Il s'accrocha au bras de la servante.

l'Antoine du Grillon alla se promener du côté du poulailler, et prétendit être allé admirer la volaille...

Quand la dame du château fit appeler le fameux devin pour savoir s'il avait retrouvé son diamant, l'Antoine était si joyeux qu'il se mit à chanter devant la dame :

Belle dame qui avez cru en moi,
Vous m'avez nourri comme un roi
Or je ne suis qu'un paysan
Qui de sa vie n'a mangé autant !
Belle dame ! soyez remerciée
Pour tout ce que vous m'avez donné !
Faites attraper dans votre poulailler
Le coq le plus noir et le plus grand,
Mercredi passé, il a avalé votre diamant !
Je l'ai vu briller
Dans son gésier !

On dit que les trois servantes se chargèrent de l'affaire. Le coq tué, le diamant retrouvé... l'Antoine du Grillon ne pouvait plus rien manger. Aussi lui remit-on un sac d'or pour le remercier.

Le seigneur du château venait justement de rentrer.

Quand il apprit l'affaire, il voulut lui-même féliciter ce fameux devin dont on s'aperçut que l'on ne savait rien... Mais en voyant le paysan, le seigneur du château se douta de quelque supercherie et eut envie à son tour d'éprouver le talent du devin.

En cachette, il ramassa dans les champs un grillon et l'enferma dans sa tabatière.

« Devin ! dit-il à l'Antoine, devine ce qui est caché làdedans ? Si tu le devines, ces trente écus d'argent sont pour toi... mais si tu te trompes, tu auras trente coups de bâton !

— Aïe ! aïe ! aïe ! soupira l'Antoine qui pensa cette fois que sa chance l'abandonnait, pauvre de moi ! pauvre Grillon ! »

Le seigneur qui ne savait pas le nom de celui qui s'était si bien fait passé pour un devin, n'entendit que le mot « Grillon », et crut qu'il avait deviné juste. Il lui donna les trente écus d'argent !

Ainsi l'Antoine du Grillon, bien nourri et la bourse pleine d'or et d'argent, remonta chez lui en chantant :

J'ai de l'argent bien gagné
J'ai mangé pour toute une année !
J'ai le ventre bien plein
On n'est pas devin pour rien !
N'est pas devin qui veut !

Et dans les montagnes de la Margeride, personne ne comprit jamais ce qui s'était passé !

Comment "Jean le Chanceux" s'empara des secrets du diable

COMMENT « JEAN LE CHANCEUX » S'EMPARA DES SECRETS DU DIABLE

JEAN avait été surnommé « Le Chanceux » parce qu'il était le seul de sa famille à avoir eu la chance de pouvoir apprendre à lire. Malheureusement, ses connaissances ne l'avaient pas encore mené bien loin...

Il était le dernier fils d'un pauvre sabotier qui habitait à la lisière de la forêt de Tronçais. Tous ses frères étaient partis depuis longtemps chercher fortune ailleurs... Jean, lui, était resté à la maison ; et, jour après jour, il faisait des sabots avec son père, mais ce métier ne lui plaisait guère !

Lorsqu'il eut seize ans, Jean commença à échafauder des plans : il partirait à l'aventure, trouverait un meilleur métier, et rapporterait beaucoup d'argent à ses parents... Mais pour cela, il devrait d'abord les quitter !

Cependant, jour après jour, il faisait et refaisait des sabots.

Quand enfin il se décida à parler de ses projets à son père, celui-ci le supplia de ne pas partir. Jean était devenu son bras droit et son bras gauche, habile à creuser le bois pour en faire des sabots. Il était la seule joie de ses parents, le rayon de soleil de leur chaumière !

Jean fut ébranlé par les paroles de son père et resta encore quelque temps à travailler le bois avec lui, mais un beau jour, sûr que son destin l'appelait ailleurs, il s'écria :

« Voilà, si j'ai bien compté, la trois cent cinquantième paire de sabots que j'ai faite et parfaite depuis que je sais le métier !

« Eh bien, pauvre père ! c'est la dernière ! Car, quand j'en aurai fait mille trois cent cinquante de plus, je serai seulement moins jeune et plus fatigué, mais je n'en aurai pas mieux fait mon chemin pour cela !

« Maintenant, il est temps ! je veux voyager, je dois tenter fortune et montrer que ce n'est pas pour rien que vous m'avez appelé « Jean le Chanceux » ! Je sais lire et écrire, tant mieux ! Avec cela, je dois arriver à quelque chose et améliorer votre sort !

— Pierre qui roule n'amasse pas mousse ! répondit tristement le vieux sabotier en essayant encore une fois de retenir son dernier fils...

— Non ! mais elle se polit à ce que l'on dit ! répliqua Jean.

— Qu'est-ce que tu me chantes là ? » reprit le père, furieux de ne pouvoir garder son fils avec lui. Et, dans sa colère et son chagrin, il lui cria : « Va-t'en au diable ! Jean le Chanceux ! et que je ne te revoie pas ! »

Mais ces mauvaises paroles ne purent faire revenir Jean sur sa décision qui était prise et bien prise. Il prépara immédiatement son maigre bagage, le noua dans un mouchoir et le mit au bout d'un bâton. Il embrassa sa mère qui pleurait, tendit la main à son père qui lui tourna le dos et lui cria encore une fois :

« Va-t'en au diable !

— Vous me chassez avec une bien méchante parole, pauvre père ! dit Jean tristement, en franchissant le seuil de la chau-

« Tu n'auras qu'à t'occuper de mon cheval. »

mière. Que le diable ne vous entende pas, s'il existe... »

Jean avait un plan dans sa tête : se rendre directement à la ville et y chercher un emploi. Or, la ville la plus proche était fort éloignée, et il lui fallait pour s'y rendre traverser toute la forêt de Tronçais... mais cela n'était pas pour faire peur à Jean !

Il se mit donc en route à grands pas, tournant et retournant ses rêves et ses projets dans sa tête, ne sentant ni la fatigue, ni la faim, ni l'approche de la nuit...

Il avait déjà marché sept grandes heures sous la haute futaie, quand il se trouva tout à coup, sans l'avoir vu venir, en présence d'un petit homme habillé tout de noir, et dont les yeux brillaient, dans l'ombre du sous-bois, comme des braises !

Un peu surpris de sa présence, Jean le salua, et tout en s'écartant pour le laisser passer sur le sentier, lui demanda de le renseigner :

« Pourriez-vous me dire, monsieur, si je touche bientôt l'autre lisière de la forêt ?

— Non, pas encore ! mais tu en approches, mon garçon ! Où vas-tu donc par là ?

— A la ville, monsieur, et pour la première fois ! Je veux y trouver un travail !

— Tu veux trouver un travail ? s'exclama le petit homme habillé tout de noir. Mais c'est le ciel qui t'envoie ! Voudrais-tu entrer chez moi comme domestique ?

— Je ne demande pas mieux, monsieur, répondit Jean en pensant qu'il était en effet bien « chanceux » de se faire proposer du travail avant même d'être arrivé à la ville !

— Combien veux-tu gagner ? reprit le petit homme.

— Cinquante écus ! Est-ce trop, monsieur ?

— Non. Et je t'en promets le double si je suis content de toi ! Mais d'abord, dis-moi, sais-tu lire ?

— Oh ! oui, monsieur, et écrire ! répondit très vite Jean le Chanceux, plein de satisfaction de pouvoir le dire.

— Alors, mon garçon, puisque tu sais lire, continue ton chemin vers la ville ! Tu ne pourras pas travailler chez moi ! Dommage ! Tu me plaisais bien ! mais c'est comme ça... »

Et le petit homme noir aux yeux de braise continua son chemin sans se retourner.

Jean en resta tout déconcerté et le regarda partir en se grattant l'oreille. Il resta là, un bon moment, planté comme un arbre... Une idée audacieuse venait de lui traverser la cervelle.

« Monsieur ! monsieur ! s'écria-t-il en courant après le petit homme noir qui n'était pas encore bien loin, et sans se douter jusqu'où le mènerait un tel mensonge. Il y a mon frère qui vient derrière moi ! Il ne sait pas lire, lui, et il cherche aussi du travail ! Vous pourrez peut-être vous entendre tous les deux !

— Eh bien, je verrai ! » répondit le petit homme sans même se retourner ni s'arrêter.

Aussitôt Jean, sans perdre un instant, se cache dans un fourré, ouvre en hâte son bagage, change sa blouse et son bonnet, coupe à travers bois sans se faire voir, et tout à coup,

Ce n'était donc qu'un rêve.

comme naturellement, se retrouve nez à nez avec l'inconnu.

Jean le salue comme la première fois et se range pour le laisser passer, mais sans rien dire. L'homme noir après qu'il l'a croisé se retourne et lui crie :

« Où vas-tu donc par là, mon garçon ? »

— A la ville, pour y trouver du travail ! Mon frère est devant moi, vous avez dû le croiser il y a un instant !

— En effet, et tu peux dire que tu lui ressembles ! dit lentement l'inconnu en le regardant avec attention.

— Tout le monde le remarque, il faut donc que cela soit vrai ! dit Jean, mais ça n'a rien de surprenant : mon frère et moi nous sommes jumeaux !

— Puisque tu cherches du travail, veux-tu entrer chez moi comme domestique ? dit alors le petit homme en le fixant de ses yeux étincelants, qui ne réussirent pas à arrêter Jean qui s'enfonçait dans son mensonge...

— Je veux bien, monsieur !

— Combien veux-tu gagner ?

— Cinquante écus. Est-ce trop, monsieur ?

— Non. Et je te promets au moins le double si je suis content de toi ! Mais d'abord, réponds-moi, sais-tu lire ?

— Hélas non, monsieur ! » répondit Jean d'un air niais et désolé. Maintenant qu'il était parti à mentir, on aurait dit que plus rien ne l'arrêtait ! Et il continua : « On m'a bien envoyé à l'école quelque temps, mais je n'ai jamais pu mordre à rien, je dois l'avouer ! Il n'y a pas une lettre qui soit restée dans ma tête, ni un chiffre non plus ! Ce n'est pas comme mon frère jumeau ! Lui, il sait lire, écrire, compter, et bien d'autres choses encore que je ne connais pas ! A la ville il trouvera tout le travail qu'il voudra !

— Eh bien, toi, tu n'es pas comme ton frère ! Tu me conviens, dit l'homme noir. Je t'engage. Viens, suis-moi ! »

Et, prenant aussitôt un sentier sur la gauche, il disparut dans les bois suivi de Jean le Chanceux qui se demandait où le menait sa chance... et son mensonge !

Ils marchèrent encore longtemps, sans échanger une parole de plus. Mais de toute façon, le marché était conclu, et le petit homme noir ne semblait pas être homme à y revenir.

Il faisait tout à fait nuit quand ils arrivèrent devant un sombre château construit en pleine forêt sur un piton rocheux. Le clair de lune lui donnait des reflets fantastiques, tandis que le vent gémissait dans les arbres qui l'entouraient.

« Voici ma demeure ! » dit seulement le futur maître de Jean.

« Elle ne me semble pas bien gaie ! » pensa tristement le pauvre Jean, qui ne se trouvait plus aussi chanceux...

La porte était plusieurs fois barrée par d'énormes verrous. Quand le petit homme noir les ouvrit, on entendit un grincement lugubre...

Ils entrèrent, et tandis que Jean apaisait sa faim en dévorant le repas qu'il trouva devant lui, son nouveau maître lui expliqua en quoi devait consister son service :

« Tu n'auras simplement qu'à t'occuper de mon cheval et de mes livres, et à veiller à ce que nul être humain ne pénètre ici pendant mes absences qui seront fréquentes. Tu n'auras jamais à te préoccuper de l'étrangeté de mes habitudes, ni de tout ce que tu ne comprendras pas ou te paraîtra bizarre à l'intérieur de ce château qui est le mien !

« Et, je te le répète, si je suis content de toi, je te récompenserai largement, mais je ne te donnerai la permission de sortir d'ici qu'une seule fois l'an ! »

Cela dit, l'homme noir conduisit Jean dans la bibliothèque du château. Celle-ci était immense et garnie du haut en bas de ses quatre murs de rayons remplis de livres. Une étroite fenêtre devait laisser passer la lumière du jour. On entrait dans la pièce par une porte basse bardée de verrous qu'il fallait aussitôt refermer derrière soi.

L'homme noir tenait à la main une torche, il montra d'un geste à Jean son lit dans un coin de la bibliothèque, et éclaira un moment les panneaux couverts de livres aux reliures anciennes, usées et parcheminées, qui semblaient avoir été là de toute éternité... puis l'homme disparut emmenant sa torche.

Jean qui n'était jamais sorti de sa chaumière de sabotier, ne se laissa pas émouvoir par l'étrangeté de son nouveau destin... Il tomba de fatigue sur son lit et s'endormit d'un sommeil de plomb !

Le lendemain lorsqu'il s'éveilla, un rayon de lumière éclairait déjà la bibliothèque qui lui sembla encore plus grande et plus impressionnante que la veille. Il s'habilla en toute hâte, craignant que le petit homme noir ne lui reproche sa paresse ou son retard. Il sortit de la pièce et courut offrir ses services à son étrange maître.

Mais il eut beau explorer le château de la cave au grenier, traverser d'interminables labyrinthes de corridors et d'escaliers, entrer dans des appartements grands ouverts, frapper à toutes les portes fermées... il ne trouva son maître nulle part, il ne rencontra personne à qui parler !

Il n'y avait âme qui vive dans ce château, à part la sienne !

Alors, puisque c'était son travail de s'occuper du cheval de son maître, il chercha l'écurie, et lorsqu'il l'eut trouvée, y découvrit un cheval si vieux qu'il lui parut hors d'usage. Il le soigna comme il fallait, lui donna à manger, puis fit le tour extérieur du château avant de remonter s'occuper des livres de son maître.

Longeant les remparts, il s'aperçut alors que le château était complètement encerclé de hautes murailles. On ne pouvait y entrer ou en sortir que par un portail bardé d'énormes serrures, aussi infranchissable qu'une porte de prison !

C'était par là qu'il était passé hier, à la suite du petit homme noir...

Et quand Jean voulut revoir les arbres de sa forêt de Tronçais, il ne put même pas les apercevoir... Les remparts du château étaient si hauts, qu'ils les cachaient complètement ! Jean réalisa alors que, des bois, nul passant ne pouvait découvrir le triste château où le petit homme noir le retenait.

« Ah ! se dit Jean, pourquoi ai-je si bien menti ? Voilà où m'a mené mon mensonge ! Moi qui voulais être libre, voyager... me voici emprisonné ! »

Toutes les journées qui suivirent se passèrent ainsi à soigner le vieux cheval, qui était à peine une compagnie tant il était vieux, à errer dans le lugubre château désert, à ranger, à dépoussiérer, à empiler et à entasser les innombrables livres de la bibliothèque. Malheureusement, Jean ne pouvait même pas les lire car ils étaient écrits dans un langage qu'il ne connaissait pas !

Du côté de l'office, Jean avait découvert tout ce qu'il désirait, une grande quantité de provisions auxquelles son bon appétit faisait honneur. Mais l'ennui et la solitude pesaient si fort sur le pauvre Jean qu'il commençait à regretter son misérable métier de sabotier...

Un mois passa au cours duquel il ne vit personne. Un jour, enfin, son maître reparut. Il inspecta soigneusement son cheval qui lui sembla aussi bien que pouvait le permettre son grand âge et ne dit rien. Il examina attentivement les livres et sembla satisfait de les voir proprement rangés.

« Très bien ! lui dit son étrange maître, continue ainsi et tu n'auras pas à t'en repentir. Tiens ! prends cela, non comme une avance sur tes gages, mais comme témoignage de ma satisfaction ! » Et ce disant, il lui mit dans la main une pistole toute neuve.

Mais le lendemain, l'homme noir avait de nouveau disparu...

Jean le chercha partout. Il eut beau explorer le château comme au premier jour, de la cave au grenier, retraverser d'interminables labyrinthes de corridors et d'escaliers, entrer à nouveau dans les appartements qu'il trouvait grands ouverts, frapper à toutes les portes qui restaient fermées... il ne le trouva nulle part, ne rencontra personne à qui parler. Il était clair qu'il n'y avait âme qui vive dans ce château, à part la sienne, et le pauvre garçon se mourait d'ennui !

Il remonta dans la bibliothèque et essaya de feuilleter à nouveau quelques livres qu'il avait encore à ranger. Il avait essayé déjà bien des fois de se distraire de cette façon, mais tous les livres qu'il avait ouverts étaient remplis de caractères auxquels, malgré sa grande application et sa curiosité, il ne comprenait rien, absolument rien...

Ce jour-là, alors qu'il essayait pour la centième fois peut-être de parcourir ces signes bizarres et mystérieux... quel ne fut pas son étonnement de pouvoir lire sans aucune difficulté un étrange petit livre écrit à la main sur lequel il venait de tomber par hasard !

Mais il fut plus surpris encore quand il lut en tête du premier chapitre les mots suivants :

« Pour se transporter d'un endroit à l'autre diaboliquement... » et plus loin :

« Formule diabolique pour ouvrir ce qui est fermé... » et encore :

« Comment le diable peut vous changer en n'importe quelle bête... »

Et aussi :

« Connaître ce qui se passe ailleurs... »

Voilà que d'un seul coup son imagination partait dans toutes les directions ! Était-ce possible ? Il allait pouvoir être transporté où il voudrait, hop ! comme ça ? Devenir lion, aigle, cheval ! rien qu'en le demandant !

Jamais il n'avait été si heureux de savoir lire, et comme il avait bien fait de cacher son savoir ! Il sentait déjà qu'à l'aide de ces formules magiques, il saurait bien sortir de ce château qui le gardait à l'intérieur de ses épaisses murailles !

Il revint en arrière sur le titre : « Connaître ce qui se passe ailleurs... » car au fond de son cœur, la pensée de ses parents ne le quittait jamais. Peut-être qu'à l'aide de la formule magique qu'il allait découvrir et apprendre, il pourrait, l'espace d'un instant seulement, voir vivre ses chers parents. Cela lui semblait aussi merveilleux qu'incroyable !

Il trouva facilement le chapitre, mais là, rencontra une nouvelle difficulté : la formule était écrite en une langue qu'il ne connaissait pas, du latin peut-être... il dut la lire trois fois avec application, pour pouvoir la répéter par cœur. C'était quelque chose comme *Volviverus ! Volviverus ! Alius transportatus !* Il pensait en même temps très fort à ses vieux parents comme il était expliqué.

Il vit alors son pauvre père creusant tristement un sabot, sa mère tricotait en pleurant assise près de la cheminée. Il put lire dans leurs pensées aussi clairement que dans les siennes, et savoir qu'ils étaient tous les deux désolés de son absence, et que son père ne lui en voulait plus.

Tandis que s'effaçait cette vision émouvante, il essuya une larme et se promit de les rejoindre au plus tôt et de les consoler !

Alors lui vint l'idée de s'enquérir de son étrange maître, dont il ne savait rien de plus qu'au premier jour de leur rencontre dans la forêt de Tronçais... il voulut apprendre enfin qui était et où se trouvait en cet instant le petit homme noir et ce qu'il faisait... Alors Jean pensa très fort à son maître, et récita la formule magique :

« *Volviverus ! Volviverus ! Alius transportatus !* »

A cet instant, Jean le Chanceux sut ce qu'il voulait savoir. Il jeta un grand cri et perdit connaissance...

Lorsqu'il revint à lui, tout son corps tremblait encore et sa voix résonna à travers tout le château désert : « Le diable ! le diable ! j'habite chez le diable ! »

Cette découverte l'effraya. Voilà où l'avait conduit son mensonge ! Il se rappela alors que, dans sa colère et son chagrin, son père l'avait envoyé « au diable », il pensa que son vœu avait été exaucé !

Mais Jean le Chanceux n'était pas d'un caractère à se laisser décourager. C'était un garçon plein de résolution. Il ne fut pas long à recouvrer tout son sang-froid.

Il venait de faire une découverte extraordinaire qu'il n'était pas donné à tous les humains de faire ! Il résolut immédiatement de mettre à profit le temps qu'il avait encore à passer chez le diable son maître, pour apprendre par cœur tous les secrets et toutes les formules (seraient-elles même en latin !). « Il y en a bien là-dedans qui pourront m'être utiles un jour », se dit-il. Et il jura de ne se servir de tout cela que pour en faire bon usage.

Lorsque son maître le diable revint en son château quelques mois plus tard, il trouva son vieux cheval mort malgré les bons soins de Jean. Il n'adressa à ce sujet aucun reproche à son serviteur qui se tenait, comme on peut le croire, plus que jamais sur sa réserve !

Le diable lui dit simplement : « Heureusement la foire de Saint-Bonnet a lieu dans quelques jours, j'y achèterai le plus beau poulain que je pourrai y trouver pour le remplacer ! »

Alors, Jean le Chanceux, encouragé par la bonne manière dont son maître avait pris la mort de son vieux cheval, se hasarda à lui demander la permission d'aller voir ses vieux parents afin de leur porter les pistoles qu'il avait gagnées et dont il n'avait évidemment rien à faire pour le moment.

« C'est impossible, mon garçon ! je veux que mon château soit bien gardé !

— Cependant, mon maître, reprit Jean courageusement, vous m'aviez bien promis de m'accorder un congé sur l'année ! Cela fera bientôt un an que je suis à votre service, et n'ayant point de cheval à soigner pour l'instant, j'aurais pu y aller et être de retour après la foire de Saint-Bonnet !

— Ne reviens plus sur cette question ! » lui répondit son maître le diable, et un éclair infernal jaillit de ses prunelles.

Jean se le tint pour dit, il ne demanda plus rien, mais à peine son maître était-il parti pour une de ses longues absences habituelles, car il devait avoir beaucoup à faire au royaume des ténèbres, que Jean se dit en lui-même, comme s'il parlait au diable :

« Tu es mon maître et tu ne tiens pas ta parole, tout diable que tu es ! Eh bien, moi qui suis ton valet, je ne la tiendrai pas non plus ! »

Il prit donc la décision de quitter au plus tôt ce sinistre château où, plus que jamais, il se sentait prisonnier.

Mais il voulut, avant de le quitter, en connaître tous les secrets et en sonder tous les mystères... Il avait maintenant la possibilité de le faire grâce aux formules magiques et diaboliques qu'il avait apprises par cœur !

Il se mit donc, et pour la dernière fois, à parcourir le château du diable de la cave au grenier, à traverser les interminables labyrinthes de corridors et d'escaliers, à entrer dans les appartements grands ouverts, et à faire s'ouvrir toutes les portes qui jusque-là étaient fermées...

Il n'avait qu'à dire quelque chose comme :

« *Porturus ! Portura ! Ouvratur !* » et tout ce qui était fermé s'ouvrait immédiatement devant lui !

Il ne raconta pas à tout le monde ni à n'importe qui ce qu'il découvrit ainsi... mais on sait fort bien qu'il y découvrit d'immenses et innombrables richesses cachées dans des coffres, eux-mêmes scellés dans des chambres fortifiées ! Le diable sans doute y venait puiser toutes les fois que dans ses tournées il avait des âmes à acheter...

Jean ne s'encombra pas de trésors inutiles, il remplit seulement ses poches d'un peu plus que les gages que le diable lui devait.

Puis, il choisit la fin de la journée pour faire s'ouvrir devant lui la porte de la haute muraille qui entourait le château. Il répéta seulement la formule : « *Porturus ! Portura ! Ouvratur !* » et la porte toute bardée d'énormes serrures s'ouvrit d'elle-même devant lui !

Jean le Chanceux, le cœur battant, mais confiant dans sa chance et dans les formules qu'il gardait en mémoire, gagna rapidement le couvert des bois. Et là, de crainte de rencontrer son maître qui souvent traversait cette forêt, il se dit : « Si j'étais poulain, rapide comme l'éclair, je serais sûr de lui échapper ! » Alors il récita par trois fois en souhaitant devenir poulain, une formule semblable à celle-ci (car on ne la connaît pas exactement) : « *Transmitatur ! Transformatus ! Mutatus !* » En un clin d'œil, le voilà transformé en un jeune et magnifique poulain !

Il reconnut le sentier par lequel il était arrivé au château du diable près d'un an auparavant, il s'y élança au galop, puis tourna dans la direction de la chaumière de ses parents...

Dans sa joie de les revoir bientôt, il ne put modérer son allure et se trouva tout à coup devant leur pauvre maison avant d'avoir eu le temps de reprendre sa forme de jeune homme !

Son père était justement là, prenant le frais dehors après sa longue journée de travail. Il fut bien étonné de voir déboucher de la forêt un si beau poulain sans cavalier, haletant, couvert de sueur, et qui semblait se diriger vers sa porte comme s'il connaissait le chemin !

Il allait appeler sa femme pour lui faire admirer le bel animal, quand il entendit :

« Ne vous effrayez pas, père ! je suis votre fils ! »

A ces mots, qui sortaient de la bouche du poulain, le vieux sabotier fut pris d'un tel saisissement qu'il tomba à la renverse !

Aussitôt Jean récita très vite la formule magique qui allait lui permettre de redevenir lui-même : « *Retransmitatur ! Detransformatus ! Mutatus !* » Et aussitôt il redevint Jean le Chanceux, releva son père et le porta dans la chaumière.

Là, entre sa femme et son fils, le vieux sabotier retrouva bientôt tous ses esprits, et jusque très tard dans la nuit, Jean raconta en détail toutes ses aventures à ses parents.

« Vous le voyez maintenant, cher père, dit-il en terminant vous m'aviez envoyé au diable ! Eh bien, j'y suis allé ! Mais aujourd'hui j'en suis revenu, et je voudrais bien n'y plus retourner ! Pour cela, voilà ce qu'il faudra faire : je vais redevenir poulain encore une fois demain, et vous me conduirez à la foire à Saint-Bonnet pour m'y vendre. Pendant ce temps ma mère préparera pour le soir de quoi bien boire et bien manger pour fêter la défaite du diable et la victoire de Jean le Chanceux ! Je vous ai apporté tout ce qu'il faut pour cela, et bien plus... »

Et ce disant, il versa sur les genoux de sa mère tout le contenu d'une bourse pleine d'or !

Les pauvres gens n'avaient jamais vu dans toute leur vie tant de richesses réunies ! Ils ne pouvaient en croire leurs yeux et leur joie faisait plaisir à voir. Jean en aurait oublié toute la peine qu'il avait endurée pendant près d'une année !

« Ah ! je ne me suis pas trompé en t'appelant Jean le Chanceux ! » s'écria joyeusement son vieux père.

Là-dessus, toute la famille alla se coucher, la journée de demain promettait d'être encore plus belle !

Le lendemain, le vieux sabotier s'éveilla de bonne heure comme à son habitude. Il appela Jean à plusieurs reprises, mais ne reçut pas de réponse. Comme il ne voyait pas non plus briller l'or que Jean leur avait apporté, parce que sa femme l'avait déjà caché... il crut avoir rêvé toute cette histoire.

« Alors, ce n'était donc qu'un rêve ! » dit-il en sortant tristement de son lit.

Mais quand il ouvrit la fenêtre, il aperçut le magnifique poulain arrachant d'une dent avide l'herbe fraîche, couverte de rosée, qui séparait la chaumière de la forêt, et il se rappela les projets dont son fils lui avait parlé la veille.

« Je déjeune, comme vous voyez, cher père ! dit le bel animal. Faites-en bien vite autant de votre côté, et partons pour la foire tous les deux ! Nous n'avons pas de temps à perdre ! »

Le père mit son plus bel habit, s'empressa de déjeuner et de rejoindre son fils qui, joyeusement, lui demanda de monter sur son dos : « Comme cela, lui dit Jean le Chanceux, nous serons plus vite à la foire ! »

Chemin faisant, comme il marchait au pas pour ne pas fatiguer son père, Jean lui expliqua comment il faudrait procéder pour la vente :

« Annoncez-moi hardiment cent pistoles ! je vaux bien ça ! et surtout ne vous pressez pas de conclure le marché ! Je suis assez bien fait de ma personne de poulain pour être certain que même à ce prix-là, je ne manquerai pas d'amateurs... Et je crois même déjà savoir qui m'achètera !... »

Il n'en dit pas plus à son vieux père...

On approchait déjà du marché, et chacun de ceux qui le rencontraient admiraient le poulain. Il attirait l'attention de tous ! On s'écartait pour le laisser passer et pour pouvoir l'admirer à distance convenable !

Quand il entra sur le champ de foire, c'était une véritable escorte qui courait derrière lui ! Il n'en était pas peu fier... et quant au père de Jean, il en perdait même un peu la tête !

A peine le poulain fut-il en place pour la vente qu'il fut entouré d'un cercle de connaisseurs, et que le plus riche et le plus retors des maquignons de la région aborda le vieux sabotier et lui demanda :

« Combien en veux-tu ?

— Cent pistoles ! répondit le sabotier comme son fils le lui avait recommandé.

— Et pourquoi pas deux cents ! ricana le maquignon qui se demanda comment ce pauvre sabotier qu'il n'avait jamais rencontré pouvait avoir à vendre un aussi beau cheval.

— Dame ! si vous voulez me les donner, vous pouvez ! repartit le vieillard qui ne manquait pas d'esprit.

— Allons-y pour cinquante pistoles ! » lança le maquignon, qui lui ne manquait pas d'aplomb. Il avait soigneusement examiné le bel animal et savait très bien qu'il en valait plus.

« Soixante ! » cria un autre personnage.

C'était le premier écuyer du roi qui parlait. Tout le monde le connaissait, car il venait à la foire de Saint-Bonnet tous les ans choisir les meilleurs chevaux pour son maître. Mais Jean et son père ne l'avaient jamais vu, car ils n'étaient jamais venus à la foire, n'ayant rien à y vendre et rien à y acheter !

« Vous irez bien jusqu'à soixante-dix ? dit le maquignon mécontent de voir que l'on courait sur son marché.

— Et même à quatre-vingts ? reprit une voix qui sortait de la foule et que Jean reconnut très bien...

— Puisque vous êtes si peu d'accord entre vous, observa le sabotier qui ne s'y prenait pas mal du tout, je retire ma mise à prix afin de vous laisser plus de marge, et de vous donner le temps de vous entendre !

— Bravo ! bravo ! » s'exclama joyeusement toute l'assistance que la vue d'un si bel animal semblait mettre de bonne humeur. Pendant ce temps, le poulain secouait fièrement sa crinière et poussait un hennissement victorieux dont le sabotier comprit parfaitement le sens.

« Cent pistoles ! poursuivit le premier écuyer du roi.

— Cent dix ! lança le maquignon.

— Cent vingt ! fit vivement la voix que Jean connaissait bien.

— Bon sang de diable ! jura le maquignon qui ne croyait pas si bien dire, montrez-vous ! montrez-vous donc !

— Me voilà ! » dit en faisant irruption au milieu du champ de foire un petit homme tout habillé de noir !

Nul ne le reconnaissait... hormis Jean le Chanceux.

Au regard inquiétant que l'inconnu promenait sans rien dire sur ses concurrents, l'écuyer et le maquignon comprirent, ainsi que tous les spectateurs, que le cheval ne serait jamais pour eux. Ils abandonnèrent la partie à cet homme habillé de noir dont il semblait que les yeux jetaient les flammes de l'enfer...

Dans un grand silence, on entendit seulement l'homme dire au sabotier :

« Conduisez le poulain à l'Auberge de la Tête Noire où je vous paierai. »

Sitôt que les cent vingt pistoles eurent été bien comptées, le père de Jean, qui craignait maintenant les voleurs, se hâta de reprendre le chemin de sa chaumière afin d'y arriver avant la nuit.

De son côté, l'homme noir, ou, puisque vous l'avez bien reconnu, le diable, enfourcha sa nouvelle monture et voulut filer vers son château qui n'était qu'à quelques lieues de là, caché derrière ses hauts remparts, où il croyait que Jean le Chanceux montait la garde...

A peine fut-il en selle qu'il fut persuadé d'avoir fait une excellente acquisition. Il venait d'acheter un poulain plein de fougue qui lui serait d'une grande utilité !

Dès qu'il le laissa galoper à son gré, le poulain partit comme une flèche, et en moins d'une demi-heure avala toute la distance qui séparait le bourg de Saint-Bonnet du grand bois de Tronçais, au fond duquel le diable cachait sa retraite !

Quand il vit les premiers arbres de la forêt, le diable voulut modérer l'allure de son coursier, mais il ne put y parvenir ! Tous les moyens, tous les efforts qu'il tenta ne firent qu'accélérer encore la course sauvage de l'animal !

Bientôt les rênes se rompirent... cheval et cavalier disparurent à la vitesse d'une trombe sous le couvert de la forêt !

Le poulain, sans ralentir sa course effrénée, sembla alors choisir les passages les plus difficiles. Tantôt il s'élance à travers les ronces, tantôt il frôle de ses flancs les aspérités des rochers, ou bien se jette à corps perdu sous les arbres dont les branches basses touchent sa croupe...

L'homme noir, le diable, les mains nouées aux crins de sa terrible monture, se cramponne et essaie de déjouer ses desseins évidemment malintentionnés... mais bientôt, meurtri, lacéré sur tout le corps, il lâche prise, tombe et reçoit en pleine mâchoire une série de ruades capables d'assommer un bœuf !

Mais le diable a la vie dure !

Il ne veut pas perdre un animal de ce prix, et son désir de vengeance est si fort qu'il se relève diable et se change en loup !

Et loup, il se lance à la poursuite du poulain avec tant d'ardeur qu'en un instant... il va l'atteindre !

Déjà il bondit et se prépare à retomber sur sa croupe pour lui sauter à la gorge et l'étrangler...

Mais le poulain en sait autant que le diable ! Il a tout prévu, et : « *Transmutatur ! Transformatus ! Mutatus !* » le voilà hirondelle. Comme une fusée à travers le feuillage, il s'élève et plane, tandis que le loup le regarde...

Alors seulement Satan comprend qui est ce poulain, et que tous ses secrets ont été découverts. Sa rage est effroyable, diabolique !

Sans perdre une seconde, de loup qu'il était, il devient épervier, perce à son tour la voûte de la forêt et monte d'un vol puissant bien plus haut que l'hirondelle. Un coup d'œil lui suffit pour la repérer. Il la vise, et se laisse tomber sur elle comme une pierre !

A ce moment, le roi était à la chasse avec sa fille, la jolie princesse Ellyre, et quelques personnes de sa cour. Ils traversaient justement la vaste plaine au-dessus de laquelle allait se terminer le drame de Jean le Chanceux transformé en hirondelle et poursuivi à mort par le diable changé en épervier.

« Voyez ! voyez ! dit tout à coup le roi à sa fille, l'épervier pique droit sur l'hirondelle !

— Pauvre hirondelle ! elle est perdue ! » s'écria la princesse, fixant le ciel juste au-dessus de sa tête.

Mais aussitôt, elle ne voit plus l'hirondelle, ni non plus l'épervier...

Est-ce le soleil qui l'éblouit ?

Elle les cherche, ils ont disparu !

Pourtant quelque chose est tombé dans sa robe... Elle s'arrête, descend de sa haquenée, secoue ses vêtements, et laisse tomber dans l'herbe... un diamant ! et un grain de blé !

Le diamant, c'est la forme qu'a choisie Jean le Chanceux pour échapper à l'épervier.

Le grain de blé... c'est le diable lui-même ! Mais la belle Ellyre ne s'en doute pas.

A l'instant même Jean le Chanceux récite la formule magique : « *Transmutatur ! Transformatur ! Mutatus !* » le diamant se change en coq, saute sur le grain de blé, l'avale !

Et « Cocorico ! Cocorico ! Cocorico ! » chante trois fois sa victoire d'une voix claire, sans que la fille du roi, le roi et sa cour, qui l'entendent bien, comprennent pourquoi !

Vingt minutes plus tard, le temps d'aller jusqu'à la lisière de la forêt de Tronçais, Jean le Chanceux, bien nommé ! soupait joyeusement avec ses parents ainsi qu'il le leur avait annoncé la veille.

Il leur racontait la fin de son aventure avec le diable.

Il songeait aussi dans son cœur à la jolie princesse qu'il avait approchée de si près, sans qu'elle s'en doute, lorsqu'il était diamant, et se promettait de bientôt la revoir. Il était devenu riche et la chance lui souriait !

L'histoire dit qu'il épousa, en effet, la belle princesse Ellyre. Toute sa vie, la chance fut avec lui et avec elle...

Et ce que l'on sait aussi, c'est que, n'ayant plus jamais à s'en servir, le bonheur lui fit oublier bientôt toutes les recettes et les secrets du diable !

Touéno-le-Niais
et le sifflet enchanté

TOUÉNO-LE-NIAIS ET LE SIFFLET ENCHANTÉ

DANS le pays, on l'appelait Touéno-le-Niais. Et les fermiers voisins : les trois frères Loquin — Albert, Norbert et Robert — le croyaient si peu dégourdi qu'ils ne lui donnaient presque rien à faire... seulement quelques moutons pelés et une vieille chèvre à garder ! Et encore, s'arrangeaient-ils souvent pour se moquer de Touéno et ne pas le payer.

Mais le garçon, qui avait bayé aux corneilles toute la journée pendant que les autres travaillaient, s'en moquait bien !

On disait de lui qu'il était si bête, qu'il serait bien incapable de ramasser la fortune même s'il la trouvait sous le sabot d'un cheval : selon l'expression du pays, ce ne serait toujours pas lui qui ramènerait le loup par la queue...

Eh bien, ce n'était pas si sûr que ça... et sa mère n'avait peut-être pas tort de prétendre qu'on prenait son Touéno pour beaucoup plus bête qu'il n'était !

Il fut même assez rusé pour le montrer dès sa première aventure qui mérite déjà qu'on la raconte.

Touéno avait à peu près quinze ans, on l'avait chargé d'aller ramasser des feuilles mortes dans le bois pour en faire de l'engrais. Or, il se mit à pleuvoir très fort... Touéno chercha un abri, et ne voyant qu'un arbre creux, s'y glissa et y resta longtemps, car cette pluie d'automne n'en finissait pas. Il dut s'endormir tout à fait, et se réveilla brusquement en entendant comme le bruit d'une glissade à l'intérieur de l'arbre.

Touéno ne bougea pas, se tassa sur lui-même, écouta et attendit de voir...

Car tout niais qu'il était, il savait bien reconnaître un loup !

Eh bien ! c'en était un ! un loup qui comme lui avait voulu s'abriter de la pluie, et avait choisi cet arbre. Il descendait maintenant vers Touéno la queue la première !

Alors Touéno se rappela ce que l'on disait de lui et choisit ce moment pour attraper le loup par la queue ! Il n'en menait pas large car il était peureux comme un mouton, mais puisqu'il la tenait, il ne la lâcha plus.

Le loup surpris d'être pris par la queue voulut s'enfuir en remontant l'arbre, mais Touéno qui était fort pour ses quinze ans, le tira dans l'autre sens pour le faire descendre, puis il se mit à courir en traînant le loup derrière lui. Il réussit ainsi à le ramener de force jusqu'à la maison !

C'est la mère qui fut étonnée en voyant arriver son fils traînant le loup par la queue ! Pour un bêta comme lui, ce n'était déjà pas si mal !

Elle n'en perdit pas ses esprits pour autant, au contraire ! elle eut l'idée de tirer profit de l'exploit de son fils.

« Tiens le loup, lui dit-elle, pendant que je vais le faire entrer dans la peau du bélier qui est mort la semaine passée. Je vais coudre le loup à l'intérieur de la peau pour en faire un bélier comme on n'en a jamais vu. Demain tu iras le vendre à la foire à Saint-Pourçain ! et tu m'en ramèneras au moins quatre-vingts pistoles ! »

C'était, en effet, le bélier le plus extraordinaire que l'on ait jamais vu, sur un champ de foire !

Touéno-le-Niais n'était pas trop rassuré, le pauvre garçon, d'avoir à faire un tel marché... mais il était fier de voir tous les regards se porter sur l'animal fougueux qu'il avait à vendre. Il en oubliait pour une fois de prendre son air bête et ensommeillé, et c'est tout juste si les trois frères Loquin le reconnurent !

Sans hésiter, ils achetèrent le bélier et le payèrent comptant, persuadés qu'ils venaient de faire leur plus belle affaire de l'année.

Les trois frères, qui pourtant ne s'entendaient guère, étaient tombés d'accord pour acheter à trois ce bélier plein de fougue qui allait renouveler la race de leurs troupeaux...

Le premier soir, il fut enfermé dans la bergerie de l'aîné pour y passer la nuit.

Le loup bien cousu dans la peau du bélier en profita pour se régaler. Il n'avait sûrement rien mangé depuis longtemps...

Quand l'aîné des frères Loquin ouvrit la porte de sa bergerie, il n'y trouva plus un seul mouton, ni une seule brebis sur pieds ! De tout son troupeau, il ne lui restait plus que les os et la laine !

Sa colère fut épouvantable ! On lui avait vendu un bélier ensorcelé ! Il se sentait berné, ruiné, volé !... mais il se garda bien d'en rien dire à ses frères.

Il en voulait justement à son frère cadet pour quelque vieille histoire, et puisqu'il s'était trompé comme lui dans le choix du bélier, il fallait bien qu'il en pâtisse aussi !

Il conduisit donc le bélier chez son frère cadet qui en avait payé le tiers, et le deuxième soir, le fameux bélier fut enfermé dans la bergerie du cadet pour y passer la nuit...

Le loup, toujours cousu dans la peau du bélier, devait avoir encore grand-faim malgré son repas de la nuit précédente...

Car, lorsque le cadet des frères Loquin ouvrit la porte de sa bergerie, il n'y trouva plus un seul mouton, ni une seule brebis sur pieds ! De tout son troupeau, il ne lui restait plus que les os et la laine !

Sa colère fut épouvantable ! On lui avait vendu un bélier ensorcelé ! Il se sentit berné, ruiné, volé, trompé !... mais il se garda bien d'en rien dire à son plus jeune frère. Il lui en voulait justement pour quelque vieille histoire, et puisqu'il s'était trompé comme lui dans le choix du bélier, il était bien juste qu'il en pâtisse aussi !

Il conduisit donc l'animal chez son plus jeune frère qui en avait payé le tiers, et le troisième soir, le fameux bélier fut enfermé dans la bergerie du plus jeune frère pour y passer la nuit...

Le loup, toujours cousu dans la peau du bélier, devait avoir encore grand-faim malgré ses repas des deux nuits précédentes...

Quand le plus jeune des frères Loquin ouvrit la porte de sa bergerie, il n'y trouva plus un seul mouton, ni une seule brebis sur pieds ! De tout son troupeau, il ne lui restait plus que les os et la laine !

Or le loup, toujours cousu dans sa peau de bélier, avait tellement, tellement mangé, que son ventre était devenu énorme, et que la peau de bélier avait craqué, faisant apparaître la fourrure du loup !

Quand le plus jeune des frères Loquin s'en aperçut, sa colère fut épouvantable ! Il avait été berné, ruiné, volé, trompé par un garnement qui allait le payer cher !

Les trois frères tuèrent le loup et se précipitèrent chez Touéno-le-Niais sans savoir encore ce qu'ils allaient lui faire.

Touéno-le-Niais, perché sur un arbre, était alors occupé à se tailler un sifflet. De loin il les vit arriver, rouges de fureur, fous de rage, gesticulant de colère...

Sans perdre un instant, il sauta de son arbre et alla retrouver sa mère à la cuisine.

« Maman ! dit-il, voilà les trois frères Loquin, ils nous veulent du mal à cause du loup que je leur ai vendu quatre-vingts pistoles ! Je me doute de ce qu'il a pu faire dans leurs bergeries ! Vite ! Couche-toi à terre ! fais la morte, et laisse-moi faire ! »

Quand les trois fous furieux, armés de triques et de fouets, entrèrent dans la cuisine, la mère était étendue sur le sol, immobile comme une morte...

Touéno-le-Niais, accroupi par terre, lui sifflait dans les oreilles avec son sifflet qu'il venait de finir.

« Gredin ! canaille ! voleur ! menteur ! ensorceleur ! commençaient à hurler les trois frères, en brandissant chacun sa trique...

— Taisez-vous ! ne criez pas si fort ! répondit à voix basse Touéno-le-Niais, vous ne voyez donc pas que ma mère, ma chère mère vient de mourir... je suis en train d'essayer de la faire ressusciter !

— Et comment vas-tu faire ? demandèrent les trois frères.

— Je vais souffler dans ce sifflet ensorcelé qui a le pouvoir de réveiller les morts ! Mais si vous faites tant de bruit, elle ne pourra pas m'entendre ! »

Les trois frères en restèrent muets d'ahurissement tandis que Touéno continuait à siffler doucement...

« Voyez ! dit-il, vous avez bien fait de vous taire ! La voilà qui commence à bouger ! »

Et, en effet, les trois frères virent la femme remuer les pieds, puis les doigts, et enfin ouvrir les yeux.

Leur surprise avait, pour un moment, remplacé leur colère. Mais aucun des trois n'avait oublié son troupeau dévoré par le loup !

L'aîné parla :

« Écoute, nous savions que tu étais un niais, maintenant nous savons aussi que tu es une canaille ! Tu ne nous as pas vendu un bélier mais un loup qui a dévoré tous nos troupeaux. Nous étions venus te battre comme plâtre, car tu l'as mérité, et nous avons la main lourde tous les trois... mais si tu nous donnes ton sifflet, nous ne te battrons pas !

— Vous donner mon sifflet ! répondit Touéno, mais vous n'y pensez pas ! J'ai peu de choses à moi, et je me les garde ! Je tiens trop à ce sifflet pour pouvoir même vous le prêter. J'aimerais encore mieux que vous me battiez ! »

Mais les frères Loquin y tenaient aussi à ce sifflet ! et Touéno le savait bien...

Albert, l'aîné, continua de parler :

« Faisons un échange, veux-tu ? Dis-nous ce que tu préfères : un lapin ? un poulet ? un sac de grain ?

— Mon sifflet vaut beaucoup mieux qu'un lapin, un poulet ou un sac de grain ! répondit Touéno l'air offensé.

— Nous t'en donnerons cinq pistoles ! lança Robert, le cadet, qui voulait en finir.

— Cinq pistoles, quand mon sifflet en vaut trente ! ce n'est pas un marché !

— Allons-y pour quinze pistoles ! ajouta Albert.

— Vingt ! » lança Touéno le rusé d'un air décidé.

Ainsi le garçon tira vingt pistoles d'un sifflet qui ne pouvait servir à rien, et ne reçut pas un seul coup de bâton !

Pour un niais, ce n'était pas si mal, face aux trois frères Loquin qui s'y connaissaient en malhonnêteté, mais qui pour l'instant n'emportaient qu'un simple sifflet de rien du tout en échange de leur bon argent !

Les trois frères reprirent le chemin de leurs fermes avec le fameux sifflet dont ils étaient très fiers. Ils pensaient bien s'en servir pour faire les malins...

Le sifflet en main, l'aîné crut avoir une bonne idée :

« Je vais abattre Aliboron mon âne, têtu comme il est, cela lui fera une bonne leçon ! et nous inviterons le père et la mère Lecomte à voir comment nous le ressuscitons !

— Et moi, j'assommerai Roussette la vache ! dit le cadet, elle m'a assez fait enrager ! Ce sont les fermiers Millet qui seront étonnés de me voir la ressusciter !

— Et Grison le cheval ! promit Robert le plus jeune, je vais lui en faire autant, il l'a aussi bien mérité ! J'inviterai tous les cousins Mathieu à admirer mon talent ! »

Ainsi fut fait, et pour que la farce soit plus belle, une fois leurs bêtes alignées dans la cour de ferme, Albert, Norbert et Robert allèrent chercher le père et la mère Lecomte, les fermiers Millet et leur famille, et tous les cousins Mathieu.

Ils n'en croyaient pas leurs oreilles : un sifflet à ressusciter les bêtes et les gens ! cela valait bien la peine qu'on se

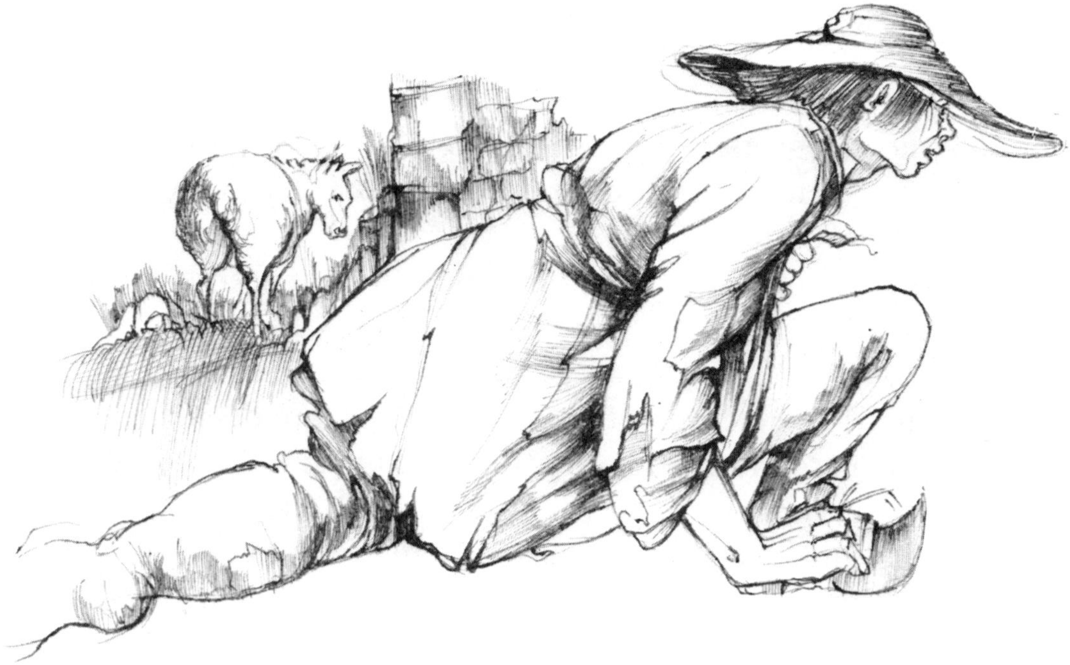

dérange ! et les fermiers Loquin ne l'avaient payé que vingt pistoles ! On ne les croyait pas si malins !

Quand tous leurs invités furent là, le spectacle commença... les frères Loquin, sûrs de leur succès, commencèrent la cérémonie.

Albert se mit d'abord à siffler tout doucement dans les oreilles d'Aliboron... « Fiiiiit ! »

Au bout d'un moment, comme Aliboron ne semblait pas l'entendre, Albert souffla plus fort... Aliboron ne bougea pas plus !

Alors l'aîné des frères Loquin siffla plus fort, encore plus fort... à en perdre la respiration ! Il était devenu rouge comme un coq de combat, mais son âne ne ressuscitait toujours pas !

On entendait les spectateurs chuchoter :

« Ah ! je vous l'avais bien dit !

— Hélas ! il n'y arrivera pas ! »

Le cadet, sûr de son succès, prit alors le sifflet et « fuuuuit ! » souffla doucement dans les oreilles de la Roussette. Et comme celle-ci ne bougeait pas, il recommença trois fois, tout étonné de ne pas y arriver.

« Vas-y ! siffle encore ! siffle plus fort ! » criaient les spectateurs qui commençaient à comprendre que les frères Loquin avaient été joués.

Et quand Robert, le plus jeune, siffla de toutes ses forces, mais en vain, dans les oreilles de son cheval mort... les frères Loquin comprirent enfin que ce sifflet ne leur servirait à rien, mais à rien du tout, pour ramener leurs bêtes à la vie !

Ils avaient encore une fois été joués par ce garçon que l'on croyait niais ! Non seulement ils avaient perdu à cause de lui tous leurs moutons, mais voilà maintenant que l'aîné n'avait plus d'âne, le cadet plus de vache, et le dernier plus de cheval !

Hors d'eux, ils se précipitèrent tous les trois chez le garnement sans même avoir pris le temps d'emporter un bâton, une trique ou un fouet !

Ils avisèrent un sac, mirent le garçon dedans sans écouter ses explications...

L'aîné prit le sac sur son épaule et tous trois décidèrent d'aller le donner au diable...

Mais pour aller trouver le diable, quelle affaire ! Il fallait marcher longtemps, et ils n'étaient pas très courageux, ni très sûrs du chemin qu'il fallait prendre...

Touéno pesait plus lourd qu'un sac de blé et remuait comme un boisseau de puces. L'aîné, qui en avait déjà assez, passa le sac à porter au cadet, le cadet passa bientôt le sac au plus jeune, et le plus jeune n'en pouvait plus de le porter. Tous les trois ne faisaient que se disputer !

A force de discuter, ils finirent par se tromper de route, mais cette route menait tout droit à un cabaret. Ils furent bien contents de s'y arrêter, car depuis le temps qu'ils marchaient en portant le sac et en se chamaillant, ils commençaient à avoir grand-soif tous les trois !

« Laisse le niais à la porte ! dit l'aîné au plus jeune qui le portait encore, nous n'avons pas besoin de lui pour boire ! »

Le plus jeune posa donc le sac à la porte, et entra dans l'auberge avec les autres.

Pendant qu'ils buvaient, passa sur cette route un berger qui conduisait un troupeau de trente-trois moutons gros et gras. Etonné de voir le sac s'agiter dans tous les sens, le berger s'en approcha de plus près et dit :

« Homme ou bête, dites-moi qui est là ?

— C'est moi, Touéno ! dit le niais, on m'a enfermé dans ce sac parce que je ne veux pas épouser la fille du roi !

— Et pourquoi ne veux-tu pas l'épouser ? demanda le berger, elle n'est pas assez belle pour toi ?

— Elle est belle comme le jour ! répondit Touéno. Mais je la trouve trop riche pour moi ! ajouta-t-il en continuant de mentir.

— Comment ? reprit le berger qui croyait ne pas avoir bien entendu ce que disait le niais, tout emberlificoté qu'il était dans le sac.

— Parce que je la trouve trop riche pour moi ! hurla Touéno. Mais défais donc la ficelle qui ferme le sac, nous pourrons mieux nous entendre ! »

Le berger dénoua la ficelle et se fit expliquer tout en détail pourquoi Touéno ne pouvait pas épouser la fille du roi. Et tout naturellement le niais lui dit :

« Mais toi, berger, si tu veux l'épouser, je veux bien te laisser ma place ! et en échange de tout l'argent de la princesse, je ne te demanderai que tes moutons ! » (Il avait bien remarqué qu'ils étaient gras et ronds.)

Ainsi fut fait : le berger aida Touéno-le-Niais à sortir du sac, et Touéno aida le berger à y entrer à sa place. Il resserra soigneusement la ficelle qui le fermait de manière que les trois frères Loquin qui sortiraient bientôt de l'auberge ne s'aperçoivent de rien.

Et c'est bien le berger que les trois fermiers allèrent jeter au diable !

L'histoire ne dit pas où ils trouvèrent le diable, mais ce qui est certain c'est que jamais le berger ne retrouva la princesse riche et belle...

Le lendemain, les frères Loquin s'en allèrent au marché à Saint-Pourçain, puisqu'il leur fallait des moutons pour remplacer ceux que le loup avait dévorés. Il leur fallait aussi un âne pour l'aîné, une vache pour le cadet, un cheval pour le plus jeune !

Et qui rencontrèrent-ils, se rendant aussi à la foire ?

Touéno-le-Niais lui-même ! Touéno conduisant un magnifique troupeau de trente-trois moutons gros et gras, alors qu'ils croyaient bien l'avoir jeté au diable la veille !

« Comment ? dirent-ils tous à la fois, toi ? Nous t'avons jeté hier au diable, et te voilà aujourd'hui à la foire avec ces magnifiques moutons ! »

Ils en tremblaient d'étonnement et d'émotion de le voir là !

« Voilà qui vous surprend tous les trois ! répondit Touéno. Eh bien, sachez qu'il arrive quelquefois aux niais des choses qui n'arrivent pas aux autres... »

Et voilà les trois fermiers assommant le garçon de questions pour savoir ce qu'il en est !

Et le niais se dépêche de trouver une raison pour que les trois fermiers s'occupent de leurs affaires et lui laissent enfin la paix...

« Quand je suis arrivé chez le diable, raconta Touéno, il m'a trouvé si niais qu'il n'a pas voulu me garder avec lui. Retourne chez toi ! m'a-t-il dit, tu garderas mes trente-trois moutons ensorcelés, l'herbe est meilleure pour eux sur terre qu'en enfer. Quand je voudrai d'eux et de toi, je te le ferai savoir ! »

Mais à ces mots de « moutons ensorcelés » les trois fermiers avaient déjà fait un bond en arrière... et Touéno-le-Niais, un bond en avant !

Il retourna tranquillement chez lui avec ses trente-trois moutons bien gras, et plus jamais les trois fermiers ni les gens du pays ne se moquèrent de lui.

Ils avaient compris, à la fin, que Touéno n'était pas aussi niais qu'on le disait et qu'il faisait ses bêtises aux dépens des autres et toujours à son profit.

TABLE

Imprimé en France par l'Imprimerie Brodard Graphique
N° d'imprimeur KB/4597/2
Dépôt légal n° 5531, novembre 1982
20.09.5160.03
I.S.B.N. 2.01.002971.2

Loi n° 49.956 du 16 juillet 1949 sur les publications
destinées à la jeunesse - Dépôt : Novembre 1982

20.5160.5
82-11